주제로 배우는

사고력 한국사_02

주제로 배우는
사고력 한국사_ 02

1판 1쇄 발행 | 2009. 1. 19.
1판 16쇄 발행 | 2022. 2. 19.

차오름 글

발행처 김영사 | 발행인 고세규
등록번호 제 406-2003-036호 | 등록일자 1979. 5. 17.
주소 경기도 파주시 문발로 197 (우10881)
전화 마케팅부 031-955-3100 | 편집부 031-955-3113~20 | 팩스 031-955-3111

ⓒ 2009 차오름
이 책의 저작권은 저자에게 있습니다.
저자와 출판사의 허락 없이 내용의 일부를 인용하거나 발췌하는 것을 금합니다.

값은 표지에 있습니다.
ISBN 978-89-349-3324-3 43900

좋은 독자가 좋은 책을 만듭니다. 김영사는 독자 여러분의 의견에 항상 귀 기울이고 있습니다.
전자우편 book@gimmyoung.com | 홈페이지 www.gimmyoungjr.com

어린이제품 안전특별법에 의한 표시사항

제품명 도서 제조년월일 2022년 2월 19일 제조사명 김영사 주소 10881 경기도 파주시 문발로 197
전화번호 031-955-3100 제조국명 대한민국 ⚠주의 책 모서리에 찍히거나 책장에 베이지 않게 조심하세요.

주제로 배우는

사고력 한국사 02

차오름 글

주니어김영사

추론과 상상을 위한 역사: 왜(why)와 만약(if)

'닭대가리' 라는 말이 있다. 생각이 부족한 사람을 가리킨다. 닭이 들으면 마음이 상할 말이다. 과연 그럴까? 혹시 생각이 부족해서 좋은 점은 없을까? 만약 우리의 조상이 '생각하는 능력' 을 인간의 가장 강력한 무기로 갈고 닦지 않았다면 우리는 어떤 삶을 살고 있을까?

지구에는 여러 가지 생물들이 각자의 독특한 삶을 살고 있다. 식물의 조상은 어떤 무기를 생존전략으로 선택했을까? 식물이 선택한 전략은 이른바 '햇빛 전략' 인데, 햇빛을 영양분으로 받아서 땅속의 물과 함께 먹고 살아가는 것이다. 뜨거운 여름날, 식물들은 하루 종일 햇볕을 받으면서도 싱싱하게 살아간다. 사람은 몇 분도 견디지 못하는데, 놀라운 능력이다. 동물들도 각자 선택한 생존 전략이 있다. 어떤 동물은 이빨과 턱의 힘을, 어떤 동물은 날쌘 다리를, 어떤 동물은 귀의 능력을, 어떤 동물은 코를 안테나로 만들어 살아간다. 심지어 박테리아는 번식하는 능력을 무기로 살았다. 숫자로 승부하겠다는 의지다. 놀라운 발상이다. 어찌 이들의 놀라운 능력을 '닭대가리' 라고 놀릴 수 있겠는가.

'사고력' , 즉 생각하는 능력은 인간의 운명이다. 우리들의 뇌는 평생 멈추

지 않고 작동한다. 의식과 무의식을 넘나들면서 생각을 한다. 우리가 느끼는 모든 감각은 뇌로 모아진다. 생각이 만들어지는 것이다. 슬픔, 기쁨, 즐거움, 행복함…… 모두 생각이 저지른 일들이다. 우리의 운명은 생각하기로 이미 결정되어 있다. 그리고 생각을 통해 새로운 운명을 만들어 간다.

역사는 '사유의 바다' 속에 있다. 수많은 사람들의 생각들로 가득 차 있다. 그 생각들이 사건을 만들고, 기쁨과 슬픔을 이루었다. 역사 속에 숨겨진 사유를 찾기 위해서 두 개의 단어가 필요하다. '왜(why)'와 '만약(if)'이다. '왜'는 그 시대로 돌아가 날카롭게 추론하고 질문하는 대화법이다. '만약'은 현재로 돌아와 나만의 상상력을 펼치는 사유의 무대를 열어 준다.

'사고력 한국사'는 역사 속의 모든 지식을 '추론과 상상'의 제물로 받쳤다. '사실이냐 거짓이냐?', '옳냐 그르냐?' 보다는 '왜(why)와 만약(if)'에 더욱 초점을 맞췄다. 추론과 상상력이야말로 삶의 의지, 희망을 만들기 때문이다.

낚시꾼들은 물고기들의 기억력을 깔본다. 붕어의 기억력은 3초라느니 하면서 물고기들의 자존심에 상처를 준다. 낚싯바늘에 잡힌 물고기를 풀어 주니 도망가지 않고 금방 다시 똑같은 낚싯바늘에 잡힌 물고기를 보고 하는 말이다. 사고력은 기억력과 비례하기도 한다. 이 말을 오해하지 말기 바란다. 시험 준비를 위해 열심히 영어 단어를 외웠는데 시험지 앞에서 생각나지 않아 당황했던 경험, 우리의 짧은 기억력에 절망했던 기억을 누구나 가지고 있다. 그러나 우리는 말하는 법을 잊지 않고 기억하고 있다. 우리는 숨쉬는 법, 걷는 법, 밥 먹는 법, 가족의 얼굴을 기억하고 있다. 기억의 저장소는 뇌만이 아니라 우리의 몸이다. 그리고 우리의 몸에 저장되어 있는 결정적 기억은 바로 유전적인 것이다. 이것을 우리는 '역사'라고 부른다. 우리의 몸에는 인류의 역사가 기억되어 있다. 지울 수 없는 기억이다. 두발걷기, 생각하기, 숨쉬기, 말하기, 먹기, 사랑하기, 관계하기 등 삶의 대부분은 몸이 기억하고 실행하는 것이다. 때때로 우리는 이것을 '능력'이라 부르기도 한다.

'사고력 역사'는 우리들의 몸에 기억되어 있는 수천 년, 수백 년의 역사를 불러내는 것이다. 우리 몸에 숨겨진 능력을 찾아내는 즐거운 작업이다. 왜 학교에서는 역사를 암기하게 하는 것일까? 역사의 기억이 행동방식의 알고

리듬이 되기 때문이다. 이제 우리들의 짧은 기억력에 절망하지 말자. 어쩌면 기억하지 않아야 할 것에 대한 우리 몸의 방어 능력일지도 모르니까.

《주제로 배우는 사고력 한국사》는 몇 년 동안 '지혜의 숲'에서 이루어진 사고력 역사 수업의 내용을 바탕으로 쓴 것이다. 함께 수업에 참여한 아이들은 각각의 주제에 대해 자신들의 생각을 글로 쓰고 발표했다. 아이들은 암기한 지식의 나열이 아니라 '추론과 상상'의 역사를 발표했다. 그리고 그들은 사고력 역사를 통해 자신의 꿈과 희망이 변화했음을 이야기했다. 이미 이루어진 것들을 통해 아직 이루어지지 않는 것들에 대한 발견, 자신의 몫에 대한 발견, 자신 속에 내재된 역사적 능력에 대한 발견이 이루어진 것이다. 지혜의 숲에서 함께 공부했던 모든 아이들에게 성취의 기쁨을, 사고력 역사를 가르치고 있는 지혜의 숲 교사들에게 격려를, 그리고 사고력 한국사를 위해 도움을 준 역사적 인물들에게 감사함을 전하고 싶다.

2009년 1월

차오름

01_ 전국의 **호족들, 고려왕조를 세우다**

29번이나 결혼한 왕, 왕건

한강 이남과 전라도 지역을 중심으로 한 견훤, 옛 고구려 지역을 중심으로 한 궁예 등 호족 세력들의 분열과 통일이 계속되다가, 송악 지역 출신인 왕건을 중심으로 전국의 호족들이 뭉치게 된다. 이 호족연합체의 이름을 왕건은 '고려'라고 정했다.

9세기 말 신라 곳곳에서 농민들의 반란이 일어났다. 894년 신라의 최고 지식인이었던 최치원은 진성여왕에게 시무책 10여조의 정치 개혁안을 제출한다. 그러나 신라의 지배 세력이었던 진골 세력은 이 개혁안에 반대했고 그동안 진골 세력에게 배척받아 왔던 6두품 세력은 신라 정부에 등을 돌린다. 지방의 세력가인 호족들은 신라 중앙정부의 통제로부터 벗어나 독자적으로 군사력을 가졌다. 이렇게 호족들은 자신의 지역 주민들에게 세금을 걷고 군사를 강제로 동원하는 등 정치 세력으로 등장한다.

서기 900년, 견훤이 완산주(지금의 전주)에서 후백제의 개

- 지방 호족들은 무엇을 얻고자 **왕건**[1]을 중심으로 호족연합정권을 세웠을까?

- 호족의 힘은 어디서 만들어졌을까?

- 호족들은 자신의 권력을 어떻게 유지했을까?

- 호족의 시대에 불교와 절은 어떤 역할을 했을까?

- 왕건이 결혼한 29명 여성들의 출신 지역은 어떤 공통점을 가지고 있을까?

- 혼인동맹(결혼동맹)은 왜, 무엇을 위해서 이루어졌던 것일까?

- 고려시대의 결혼과 오늘날 결혼의 차이는 무엇일까?

왕건의 동상
북한 개성에 있는 왕건의 무덤에서 1992년 발굴되었다. 고려의 태조 왕건에게 주어진 시대적 과제는 무엇이었을까? 이 시기 한반도는 군웅할거시대였다. 지역마다 영웅이 있었다. 영웅이 너무 많은 시대였다. 호족들이 사병을 거느리고 자신의 지역을 통치하고 있었다. 과연 왕건은 어떤 리더십으로 이 지역 영웅들을 이끌어 갈 것인가. 왕건이 처음 내민 카드는 사심관제도, 기인제도 그리고 지역 호족의 딸들과 결혼하는 혼인동맹이었다.

국을 선언했다. 901년에 송악(지금의 개성)에서는 궁예가 후고구려를 건국했다. 신라 말기의 특징은 전국적으로 지방 세력가들, 즉 호족 세력들이 독자적인 정치 세력으로 등장한 것이다. 호족들은 신라 왕실이 지방에 대한 통제력을 잃자 각 주와 현에서 지배자들로 나선다. 궁예, 견훤, 왕건 등이 모두 호족 출신이다.

명주(강릉)의 김순식, 웅주(공주)의 김헌창, 북원(원주)의 양길 등 전국적으로 형성된 호족들의 가장 큰 힘은 그 지역의 넓은 토지로부터 나왔다. 호족들은 튼튼한 경제력을 바탕으로 신라 중앙정부의 통제로부터 벗어나 신라 중앙의 정치기구를 모방한 행정체계, 군사력을 갖추고 독자적으로 세금을

1-1 왕건의 성씨는 무엇이었을까? '왕건'이 이름이었다는 주장이 있다. 왕건이 고려의 왕이 된 뒤에 '왕' 씨를 성으로 정했다는 것이다. 〈고려사〉에 왕건 아버지는 용건, 할아버지는 작제건으로 기록되었다는 이유다. 만약 성이 왕씨였다면 왕용건, 왕작제건으로 기록되어야 할 것이다. 성씨는 왕족과 소수의 귀족들만 가질 수 있었다. 고려를 세운 왕건은 호족과 귀족들에게 성과 본관을 상으로 준다. 천민과 노비는 성씨를 갖지 못했다. 조선 중기까지 한반도 전체 인구의 절반 가까이는 성이 없는 천민이었다.

13

거두었다. 이들은 전국 각지에서 끊임없이 일어나는 농민 봉기로부터 자신들의 재산을 지키고, 자신의 지역 주민을 지켜 준다는 명분으로 세력을 키워 갔다.

 호족, 그들은 누구인가

호족이란 신라의 각 지역에서 토지를 소유하고 있던 토착 세력이다. 이들은 중앙 권력이 무너지던 신라 말기, 정치적으로 혼란한 시기에 자신들의 힘을 키운 지방 세력가들이다. 이들은 성(城)을 쌓고 일정한 지역의 농민과 토지를 지배했기 때문에 스스로 성주(城主)라고 부르기도 했다. 또한 사병(私兵)을 거느리고 있었기 때문에 장군(將軍)이라고 부르기도 했다.

이들은 대개 오늘날 군(郡) 정도 크기의 지방을 차지하고 그 지역의 주민, 농민들을 지배했으며, 지역 주민들로부터 세금과 공물, 노동력을 징수해 경제적 이익을 챙겼다. 이들을 대표하는 자들은 궁예[1-2], 견훤, 왕건 등이다. 이들 호족들이 세력을 이루고 있던 곳은 오늘날 전주, 나주, 상주, 경주, 원주 등 주(州)가 들어가는 평야 지대였음을 알 수 있다.

호족들의 힘은 어디로부터 나오는가. 호족들의 힘은 광활한 토지에서 생산되는 곡식 그리고 독자적으로 수확하는 지역 특산물, 그 밖에도 무기와 생활 도구들에서 나온다. 즉 그들이 가진 힘의 크기는 얼마나 넓은 토지를 가지고 있느냐, 그 토지에서 일하는 노비를 얼마나 많이 소유하고 있느냐에 따라 달라졌다. 또한 그들의 힘은 군사력으로부터 나왔다. 동원할 수 있는 병졸들의 숫자가 얼마나 되는지, 무기의 수준이 어느 정도인지에 따라 힘의 크기가 정해졌다.

호족의 병사는 어떤 사람들로 이루어지는가. 병사들은 호족의 영토 안에서 평소에는 농사를 짓다가 전쟁이 일어나면 군인으로 동원되는 자들이다. 그러므로 호족이 지배하는 지역에 얼마나 많은 사람들이 거주하며 먹고 사는가가 그들의 힘을 가늠하는 주요한 기준이 된다. 즉 지배하는 지역의 인구수가 중요했다.

들판_
모든 힘은 땅에서 나온다. 먹을 것이 농토에서 나오기 때문이다. 넓은 들판을 가진 호족이 가장 힘이 세다. 한반도 곳곳에 넓은 평야나 들판이 있는 곳은 전주, 나주, 경주 등 모두 주(州)가 붙었다. 이 주(州)마다 지역의 권력자인 호족들이 있었다.

　호족들이 독자적인 군사력을 갖추었다는 것은, 전국 각 지역에서 그들이 철제 무기를 생산할 수 있는 무기 제련 능력을 갖고 있다는 것을 의미한다. 즉 무기의 평준화가 이루어져 있었다.

　또 중앙 권력의 지원을 받지 않고도 지역에서 독자적으로 호족 세력들이 지방 권력을 유지할 수 있다는 것은, 농업 기술과 농사 도구 등이 신라 초기보다 발달되어 보다 높은 생산력을 가졌다는 것을 의미한다. 신라 중앙정부에 대항할 수 있다는 것은 중앙정부와 대등할 정도로 먹을 것, 입을 것 등 기본 생활 물자를 확보할 수 있었다는 것을 의미한다.

　신라 말기에 왕실 권력과 중앙정부가 점차 무너지고 대신 지역별로 호족을 중심으로 한 지방 권력이 형성될 수 있었던 가장 결정적인 원인은, 전국적으로 농업 생산력이 높아졌기 때문이다. 신라의 권력을 유지했던 귀족계급이 지역 권력자들인 호족 세력으로 분화되고 확장된 것이다. 즉 지배 세력들이 늘어나 분열되었다. 이것은 농업 생산력이 높아져 먹을 것이 많아졌다는 것을 의미한다.

　호족들이 지역을 통치할 수 있기 위해서는, 식, 주, 의를 자체 해결할 수 있는 토지와 다른 호족 세력으로부터 자신들을 방어할 수 있는 군사력이 있어야 한다. 그러나 토지와 군사력만으로는 지역을 지속적으로 통치할 수 없다. 또 하나의 요소가 반드시 필요하다. 즉 자신들이 왜 그 지역을 통치할 수밖에 없는지, 왜 견훤은 지배자가 될 수밖에 없는지, 왜 궁예는 영웅이며 평민, 노비, 농민들은 궁예를 따르고 존경하고 왕으로 떠받들어야만 하는지에 대한 논리적인 설명이 있어야 한다. 어느 시대에나 폭력으로 권력을 가질 수는 있지만 권력이 지속되기 위해서는 그 권력의 정당성과 타당성이 설명되고 그것이 설득력을 얻어야만 하기 때문이다.

고대사회에서 이러한 권력과 지배, 피지배의 정당성에 대한 설명은 건국신화로서 가능했다. 그리고 삼국시대와 신라시대에는 이러한 건국신화, 지배의 정당성을 설명해 주는 논리적 이데올로기로써 '불교'가 사용되었다. 호족들도 자신들의 존재의 정당성, 권력의 근거로 '불교'의 이데올로기를 제시했다. 궁예는 '미륵불'을 자처했으며, 견훤과 왕건도 모두 부처님의 나라를 세우는 것을 내세웠다.

호족은 자신들의 권력 중심지에 절을 세우고, 이름난 승려들을 불러와 자신과 부처 혹은 불교를 연결시키며 동일시하는 정책을 시행했다. 이 때문에 호족들의 중심 지역마다 유명한 사찰들이 있다. 이 사찰들은 마치 중세 유럽의 수도원처럼 교육과 문화에서 중심 역할을 했을 것이다. 또한 호족들이 세운 절에 있는 부처들은 대개 그 지역의 호족들과 닮은 모습을 하고 있다는 점에서도 이 시기의 절이 어떤 역할을 했는지 짐작하게 해 준다.

호족들은 자신이 지배하는 지역에서 독자적으로 절을 짓

비로자나불_
비로자나불은 산스크리트어로 '태양'이라는 뜻이다. 불교에서는 부처를 가리킨다. 지역의 영웅이었던 호족들은 자신들을 불교에 등장하는 여러 신들로 자처했다. 자신의 지역에 있는 절에 자신을 닮은 불상을 만들어 세웠다. 이 호족 불상들에게 절하고 소원을 비는 백성들. 종교와 정치가 통일되는 순간이다.

고, 자신들을 닮은 불상을 제작하기도 한다. 장흥 보림사 비로자나불(858년), 철원 도피안사의 비로자나불(865년) 등이 대표적인 사례다.

한강 이남과 전라도 지역을 중심으로 한 견훤, 옛 고구려 지역을 중심으로 한 궁예 등 호족 세력들의 분열과 통일이 계속되다가, 송악 지역 출신인 왕건을 중심으로 전국의 호족들이 뭉치게 된다. 이 호족연합체의 이름을 왕건은 '고려'라고 정했다.

🗿 호족들은 왜 전국적인 연합체,
　　고려왕조를 세웠을까?

고조선에서 삼국시대로, 삼국시대에서 신라로, 신라의 분열에서 후삼국시대로, 그리고 고려로 통일되는 과정에서 알수 있듯이 끊임없이 분열과 통일이 반복되는 것을 볼 수 있다. 도대체 지배 세력은, 역사는 왜 이렇게 분열과 통일을 반복하는가. 이 분열과 통일의 과정에서 고대사회는 필연적으로 전쟁을 할 수밖에 없고 그 전쟁의 과정에서 수많은 평민 출신의 군인들이 죽어 갔다. 전쟁의 승리는 결국 지배층의 힘을 키우는 데 기여했다.

각 지역에서 넓은 토지를 소유하고 지역 주민들을 지배하던 호족들은 자신의 권력을 유지하고자 무엇을 했을까? 호족들은 자신들의 토지에서 농사를 짓는 주민들이 농민 반란, 농민 봉기를 하지 않도록 관리하고 통제해야만 자신의 지역 권력을 유지할 수 있었다. 이를 위해 호족들은 독자적인 군사력을 갖추고 불교문화를 통해 자신들을 미륵부처로 자처하기도 한다.

그런데 왜 전국의 호족들은 연합해야만 했을까? 왜 각 지역의 호족들은 왕건을 중심으로 뭉쳐야만 했을까? 왕건에 의해 고려가 세워지면 지역의 호족들은 어떤 이익을 확보할 수 있었을까?

전국 각 지역에 호족들이 세력을 형성하고 있다는 것은

전쟁 상태에 있다는 것을 의미한다. 언제 어느 때 다른 세력들이 쳐들어올지 모른다는 불안감 속에서 살아야 한다는 것이다. 또 호족들이 세력을 형성하고 있는 지역들은 특정한 지역이므로, 생활에 필요한 모든 물자를 확보하는 데 어려움이 있었을 것이다. 예를 들어 소금은 사람들이 살아가는 데 필수적인데, 소금을 구하기 힘든 지역의 호족들은 소금이 나는 지역의 호족들과 물자를 교환해야만 한다. 그런데 소금이 나는 지역의 호족과 사이가 나빠서 서로 적으로 지낸다면 과연 어떻게 해야 할까? 전쟁과 군사력 유지에 꼭 필요한 철을 구하기 위해서는 철 생산 지역을 지배하는 세력과 교류해야만 자신의 권력을 지킬 수 있다.

이렇듯 호족들은 자신들의 세력을 유지하면서도 서로 교류하고 협력하는 방안을 찾을 수밖에 없었을 것이다. 또한 힘이 센 호족 세력에 의해 자신들이 죽임을 당하기보다는, 자신들의 세력을 계속 보존할 수 있는 방안이 무엇인지에 대해 찾지 않을 수 없었던 것이다. 이러한 이합집산의 과정을 거친 후, 지역에 있는 자신들의 기반을 잃지 않으면서도 전체가 서로 연결될 수 있는 방안을 찾게 되었다. 그것이 바로 왕건에 의해 추진된 호족연합정권, 즉 **결혼동맹**[1-3]에 의해 세워진 고려였다.

이러한 이유로 지방 권력인 호족들은 왕건을 중심으로 호족연합정권, 전국호족연합협의체인 '고려'를 세운다. 그리고 이 협의체의 의장으로 '왕건'을 추대한다. 그러므로 고

1-3_ 여자와 남자가 결혼하기 위해서는 서로 사랑해야 한다. 그러나 조선시대까지 결혼은 사랑, 애정과는 무관하게 이루어졌다. 특히 지배층의 결혼 문제는, 당사자들은 한 번도 만나지 못한 채 집안의 대표자들에 의해 결정되었다. 《춘향전》에 그려진 결혼관은 개인의 애정과 신분사회의 대립을 보여 주고, 셰익스피어의 《로미오와 줄리엣》 역시 개인의 애정과 가문의 대립을 보여 준다. 오늘날 결혼의 전제조건처럼 생각되는 사랑과 애정은 근대 이후에 가능해졌다.

려 초기의 왕건은 절대적인 권력을 가진 왕이 아니라 전국 호족들의 대표자로서 권력을 유지했다.

🧘 왕건은 어떻게 권력을 유지했는가: 호족들과 사돈 맺기 정책

왕건과 호족들이 서로 배반하지 않고 권력을 유지하는 방법은 무엇이었을까? 호족들은 자신들의 딸을 왕건에게 바친다. 이른바 '혼인 정책' 이다. 정략결혼을 추진한 것이다. 왕건은 정주(개성), 나주, 충주, 황주 등 지역을 지배하고 있던 호족의 딸들을 아내로 삼는다. 그 결과 29명의 호족 딸들과 결혼해 25명의 아들과 9명의 딸을 낳았다.

왕건은 호족들에게 왕씨 성을 하사하는 사성(賜姓)제도를 실시한다. 성(性)을 같게 함으로써 호족들과 한 가족, 하나의 가문을 만들었던 것이다.

왕건이 결혼한 29명의 부인은 모두 전국 각 지역을 장악하고 있던 호족들의 자식이다. 왕건은 신라의 마지막 왕이었던 경순왕의 자식과 결혼하고 또 자신의 딸 2명을 경순왕에게 시집보낸다. 결혼으로써 서로 계약을 맺은 것이다. 이때의 결혼이란 바로 협정이다. 서로 적이 아니라 결혼으로 핏줄을 맺음으로써 아군으로 만드는 '피의 협약' 인 것이다.

결혼을 통한 협약은 이미 고대사회로부터 이어져 내려왔다. 신라와 백제의 왕실이 이미 결혼으로 맺어진 친인척이었으며, 이러한 사례는 우리나라뿐만 아니라 유럽 사회에서도 수없이 보인다. 결혼의 의미가 고대사회와 현대사회가 전혀 다른 것이었음을 알 수 있다.

왕건은 호족 세력을 관리하기 위해 사심관을 파견해 지역 호족들의 권력을 인정해 주면서 간접적으로 지방정치를 시도했다. 또한 기인제도라 하여 호족들의 자식들을 중앙에 인질로 잡아 그들 고향의 업무를 볼 수 있게 한 것도 왕건과 호족들의 이해관계가 서로 부합된 정책이었다.

왕건 부인들의 출신 지역별 명단_

장화 왕후 오씨: 전라도 나주, 동산원 부인 박씨: 전라도 순천, 후태량원 부인 이씨: 경상도 합천, 헌목 대부인 평씨. 천안 부원 부인 임씨. 신성왕후 김씨: 경상도 경주, 의성원 부인 홍씨: 경상도 의성, 홍복원 부인 홍씨: 충청도 홍성, 신혜 왕후 유씨. 정덕 왕후 유씨: 경기도 풍덕천, 광주원 부인 왕씨. 소광주원 부인 왕씨: 경기도 광주, 신명순명 왕태후 유씨: 충청도 충주, 정목 부인 왕씨. 대명주원 부인 왕씨: 강원도 강릉, 예화부인 왕씨: 강원도 춘천, 동양원 부인 유씨, 성무 부인 박씨, 월경원 부인 박씨. 몽량원 부인 박씨: 평산, 대서원 부인 김씨. 소서원 부인 김씨: 서흥, 신정 왕태후 황보씨: 황해도 황주, 신주원 부인 강씨: 황해도 신천

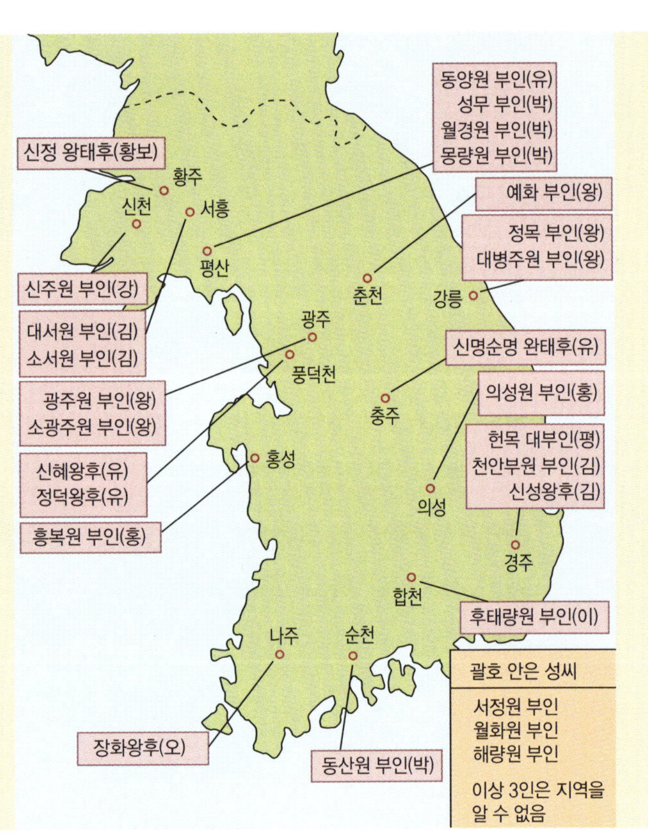

호족들은 자신들의 자식을 왕건이 정치를 하는 중앙으로 보내 중앙정치의 정보를 얻을 수 있었고, 왕건은 호족들의 자식을 인질로 잡고 있으니 호족들의 반란을 막을 수 있었던 것이다.

 고려 백성들의 이름은 '백정(白丁)' 이었다

고려시대 대부분의 사람은 농사를 짓는 백성들이었다. 이 백성들을 '백정(白丁)' 이라 불렀다. 조선시대의 백정은 '소를 잡는 사람' 을 의미했지만, 고려시대의 백정은 일반 백성을 부르는 이름이었다.

백(白)은 '흰 것', 즉 '아무것도 없다' 는 뜻이다. 정(丁)은 16세에서 59세에 이르는 성인 남자를 가리킨다. 하지만 고려의 백정에게는 농토가 없었다. 일반 농민이었지만 국가에서 내려 주는 직업을 받지 못했기에 토지가 없었다.

백정은 토지를 소유하지 못했으므로 호족과 지주들의 땅에서 농사를 지으며 먹고 살았다. 이들이 지주들에게 내는 세금은 수확량의 절반이었다. 나머지 절반 중에서 1/10은 국가에 세금으로 내야 했다.

고려는 왕, 호족, 백정, 천민 등으로 구분되는 신분차별 사회였다. 왕족과 호족이 백성과 천민을 다스리고 통치하는 사회였던 것이다. 고려 중기의 시인이자 정치가인 이규보의 시는 고려 백성들의 삶을 잘 보여 준다.

힘들여 농사지어 군자를 봉양하니
그들을 일컬어 농부라 하네
알몸을 얇은 베옷으로 가리고는
매일같이 얼마만큼 땅을 갈았던가
벼 싹이 겨우 파릇파릇 돋아나면
고생스럽게 호미로 김을 매지
풍년 들어 많은 곡식 거두어도
한갓 관청 것밖에 되지 않는다오
어쩌지 못하고 모조리 빼앗겨
하나도 소유하지 못하고
땅을 파 풀뿌리를 캐 먹다가
굶주림에 지쳐 쓰러진다오
노동할 때 아니라면
어느 누가 이들에게 좋은 음식 먹여 줄까
목적은 힘을 취하기 위해서이지
이들의 입을 아껴서가 아니라오

−《동국이상국후집》 권1 중에서

　신라왕조가 망해가자 한반도는 지역의 권력자들이 서로 경쟁하며 싸우는 전쟁의 시대로 접어든다. 한반도인들의 운명이 변화하기 시작했다. 신라의 백성에서 다시 호족의 백성으로, 그리고 다시 고려의 백성으로 바뀐 것이다.

02_ 고려는 왜 세계 최초로 금속활자를 만들었을까?

중세 고려사회에서 인쇄술의 역할

고려와 조선의 인쇄술은 국가의 사상, 국가의 통치이념을 교육시키는 방법으로 사용되었다. 왕족, 귀족, 호족들 중심의 신분제도와 지배를 더욱 더 강화하고 백성들의 생각을 통일시키는 데 쓰였다. 전체주의 사회는 읽어야 할 책들이 정해져 있다. 지식의 독점을 깨는 것이 아니라 지식의 독점을 더욱 더 강하게 하는 데 인쇄술이 사용된 것이다. 인쇄술이 가진 두 가지 얼굴이다.

세계 최초의 금속활자는
구텐베르크가 아니라 고려인이 만들었다

2005년 5월 19일, 서울 신라호텔에서는 '서울 디지털 포럼–세계 정보기술 정상회의'가 열렸다. 여기에 참석한 미국 전 부통령 고어는 다음과 같이 주장했다.

"한국의 유비쿼터스는 금속 인쇄술에 이어 세계가 한국에 두 번째로 큰 신세를 지는 커뮤니케이션 부문의 큰 성과이며, 독일의 **구텐베르크**[2-1]가 만든 금속 인쇄술은 한국에서 건너간 기술을 배워서 만든 것이다."

세계 최초의 목판 인쇄물인 《무구정광대다라니경》은 1966년 10월에 경주 불국사 석가탑에서 발견되었다. 이 다라니경은 706년에 인쇄되었다고 밝혀졌다. 세계에서 가장 오래된 것으로 알려졌던 중국의 《금강반야바라밀경》은 868년에 만들어진 것이다.

- 인쇄술은 중세사회에서 어떤 역할을 할까?
  (인쇄술이 인류 역사에 미친 영향을 무엇인가?)
- 고려의 인쇄술과 서양 구텐베르크 인쇄술의 차이는 무엇인가?
- 고려의 인쇄술과 불교는 어떤 관계가 있을까?

고려인들은 13세기 초에 세계 최초로 금속활자를 개발하여 《상정고문예문》이라는 책을 인쇄했다. 지금까지 남아 있는 금속활자로 인쇄된 책 중 세계에서 가장 오래된 책은, 고려에서 1377년에 만들어진 《직지심경》(백운화상초록불조직지심체요절)이다. 구텐베르크의 금속활자보다 78년 앞선 것이다. 이런 사실은 1972년에 유네스코가 지정한 '세계 책의 해'에 개최된 책 전시회에서 처음 알려졌다. 《직지심경》은 국내에는 없고 프랑스 파리국립도서관에 소장되어 있으며, 유네스코 세계기록유산에 등재되어 있다.

고려인은 세계 최초로 금속활자를 만들었으며, 금속활자로 책을 인쇄했다. 서양인들은 구텐베르크의 금속인쇄를 지난 '천 년 동안의 최대 사건'으로 꼽는다. 인쇄술이 서양을 변화시켰다는 것이다. 도대체 인쇄술이 어떤 역할을 하기에 천 년 동안의 최대 사건으로 평가하는 것일까? 고려는 왜 금속활자를 만들었을까? 고려의 금속활자 인쇄술은 어떤 변화를 가져 왔을까?

고려는 금속활자를 만들 준비가 되어 있었다

인쇄를 하기 위해서는 종이[2-2]와 인쇄용 잉크가 필요하다. 종이를 만들 수 있는 나라만이 인쇄를 할 수 있다. 종이는 중국의 채륜이 105년에 나무껍질, 마창포, 어망 등 식물섬유를 원료로 처음 만들었다고 알려져 있지만 종이의 질은 고려에서 만든 것이 가장 우수했다. 이를 증명하듯 11세기 후반 이후에 고려는 중국에 많은 종이를 수출한다. 중국 왕들의 기록은 고려의 종이만을 사용했다는 기록도 있다. 고려는 송나라에 종이와 함께 먹도 많이 수출했다. 고려 문종 34년 (서기1080년)에 종이 2,000폭과 먹 400정을 수출했다.

인쇄용 잉크는 고려의 먹이 세계적 수준이었다. 먹은 나무를 태운 그을음, 아교, 향료를 섞어서 만든다. 소나무나 기름을 태울 때 생기는 그을음을 모아 먹을 만든다. 아교는 그을음이 서로 잘 뭉치도록 하는 역할을 하며 먹이 종이에 잘 스며들게 한다. 향료는 먹에서 좋은 냄새가 나도록 한다.

고려의 먹 생산지로는 맹산, 영원, 순천, 단산(지금의 단양) 등이 있었다. 특히 단양에서 생산되는 먹은 그 빛깔이 까마귀처럼 새까맣고 질이 우수해 '단산오옥' 이라 불렸다. 고려의 먹은 그 질이 매우 우수해서 금속활자의 잉크로 충분히 사용할 수 있었다.

금속활자를 만들려면 활자를 주조하는 기술, 즉 금속을 다루는 기술이 발달해야 한다. 고려에서는 단단한 나무인 황양목에 글자를 새겨 나무글자를 만든다. 그런 다음 나무글자를 원형으로 삼아 주형을 만들고, 여기에 청동을 부어 활자를 만들었다. 이렇게 해서 가늘고 정교하며 깨끗하고 매끄러운 활자가 만들어졌다. 고려의 화폐 '해동통보' 를 만든 기술을 보면 고려의 금속활자 주조술이 뛰어났음을 알수 있다. 고려는 1097년에 화폐를 만드는 '주전도감' 을 설치했고, 1102년에 해동통보를 만들었다. 고려는 이미 금속

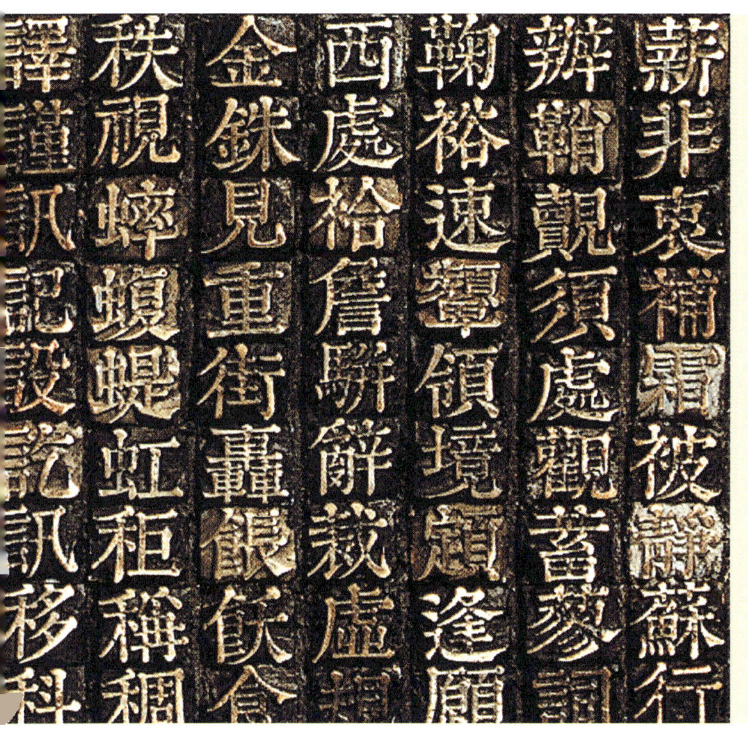

모든 활자는 디자인된다. 멋있고 아름답게 보이도록 만들어진다. 이 활자들은 전적으로 눈(시각)을 위한 것이다. 인쇄 문화는 눈의 문화, 시각 문화를 확장한다. 말의 시대는 귀의 시대요, 소리의 시대였다. 문자의 시대, 인쇄의 시대는 귀의 시대에서 눈(시각)의 시대로 이동하는 것을 의미했다. 이때부터 눈(시각)의 독재가 시작된다. 모든 판단의 근거가 보이는 것 중심으로 이루어진다. 말보다도 문서, 계약서, 증명서가 믿음의 증거가 된다. 청각과 촉각, 후각은 시각의 지배를 받는다.

활자를 주조할 수 있는 기본 기술을 가지고 있었다.

고려인들은 왜 금속활자를 만들었을까?

금속활자는 책을 인쇄하는 데 필요하다. 똑같은 책이 여러 권 필요하거나 많은 사람들이 책을 읽게 하기 위해 인쇄를 하는 것이다. 인쇄할 기술이 없을 때는 어떻게 했을까? 사람들이 손으로 책을 베꼈다. 이것을 '필사(筆寫)'라고 한다. 사람의 손으로 한 권을 옮기는 데에는 한두 달의 시간이 걸린다. 한 권을 옮겨 쓰는 데 너무 많은 시간이 걸리는 것이다. 그럼에도 불구하고 인쇄술이 발명되기 전까지 사람들

은 책을 손으로 옮겨 베꼈다. 서양의 중세시대, 수도원에서
는 평생 동안 책을 옮겨 적는 일을 했던 사람들도 많았다.

고려에서 인쇄술을 개발한 직접적인 이유는 화재 때문이
었다. 인종 4년(1126년)에 이자겸의 난이 일어났고, 명종 1
년(1171년)에 왕궁에 화재가 발생했다. 이때 왕궁에 보관하
고 있던 수만 권의 서적이 불타 버렸다. 불타 버린 책들을 다
시 만들기 위해 목판본을 만든다. 이 과정에서 나무를 베어
찌고, 판을 짜고, 새기기 위해서는 많은 시간과 경비와 노력
을 기울여야 했는데, 보다 경제적이며 효과적으로 인쇄하기
위해 금속활자 인쇄 기술이 개발된다. 금속활자 인쇄에 대한
가장 오랜 기록은, 고려 고종 21년경에 《상정고금예문》(詳定
古今禮文) 50권을 찍었다는 것이다. 현존하는 것으로는 불법
(佛法) 찬양을 위해 처음에는 금속활자로 찍었던 것을 고종
26년(1239년)에 다시 목판본으로 옮겨 간행한 《남명천화상
송증도가》(南明泉和尙頌證道歌)에 대한 기록이다.

처음엔 목판 인쇄술이 발명되었다. 단단한 나무판에 글자
를 거꾸로 파서 종이에 찍는 것이다. 고려시대에 만들어진
목판 《팔만대장경》은 이렇게 해서 만들어졌다. 하지만 나무
판으로 만든 목판 인쇄도 많이 찍으면 새로 만들어야 한다.

나무로 만들어졌기 때문에 많이 찍거나 오래되면 부서지거
나 썩었기 때문이다. 그래서 고안된 것이 금속활자다.

금속활자는 금속으로 글자를 한 자 한 자 만들어 그 글자

들을 조합하여 문장을 만들어서 인쇄하는 기술이다. 한꺼번
에 여러 권을 찍어도 금속은 상하지 않는다. 또한 세월이 흘
러도 변하지 않아 똑같은 책을 계속 찍을 수 있다.

고려인들은 왜 금속활자로 여러 권의 책을 만들고자 했을
까? 많은 사람들에게 책을 읽게 하려는 것이다. 여러 사람이
책을 읽는다는 것은 무엇을 의미하는가. 그것은 지식의 독
점을 깨는 일이다. 한 사람이 가지고 있던 지식과 정보가 책
을 통해 많은 사람들에게 보급된다. 지식의 독점이 깨지면
어떤 일이 벌어질까?

　서양에서 구텐베르크의 인쇄술이 높이 평가 받는 이유는 지식의 독점을 깼기 때문이다. 구텐베르크가 성경을 인쇄하기까지 성경은 교황청을 중심으로 한 수도사들, 성직자들의 독점물이었다. 더구나 모든 성경이 일반인들이 읽지 못하는 라틴어로 쓰여 있었기 때문에 성경 내용은 오직 성직자들만이 알 수 있었다.

　구텐베르크의 인쇄술이 개발되자 성경은 대량으로 인쇄되어 일반인들에게 공개되었다. 구텐베르크가 출판한 성경은 라틴어가 아닌 독일어 등 민족 언어로 만들어져 누구나 읽을 수 있는 언어로 인쇄되었다.

　성직자들은 자신들만이 읽을 수 있는 성경의 내용을 독점해 면죄부를 파는 등 부정부패를 일삼고 있었다. 성경책으로 많은 사람들이 성경의 내용을 알게 되자, 면죄부를 팔고 있었던 성직자들은 더 이상 성경을 독점할 수 없었다. 서양의 종교개혁이 시작된 것이다.

　인쇄술은 지식의 독점을 깨고 지식의 민주주의를 가능하게 한다. 인쇄된 책을 통해 많은 사람들이 지식인이 되면서 지식의 평준화가 이루어진다. 같은 지식을 가지고 있으므로 토론이 가능해지고, 지식은 더욱 더 풍부하게 발전한다.

　인쇄술은 사람들의 생각을 통일시킨다. 금속 인쇄는 똑같은 책을 수백, 수천 권 찍어 낼 수 있다. 똑같은 내용의 책을 수백, 수천 명이 읽는다. 똑같은 지식을 갖게 되고 사상과 생각의 통일도 이루어진다. 지식과 정보가 같으면 같은 생각과 같은 판단을 하는 데 도움이 된다.

고려는 왜 금속활자를 만들었을까? 고려는 과연 어떤 책들을 인쇄했을까? 현재까지 세계에서 가장 오래된 금속활자 인쇄책인 《직지심경》과 고려의 대표적인 인쇄물인 《팔만대장경》은 불교의 교리를 적은 책이다. 고려에서 금속활자로 인쇄된 책들은 대부분 불교와 관련된 책들이다. 왜 고려는 불교 교리를 담은 책을 대량으로 인쇄했던 것일까?

고려왕조, 고려국가의 사상과 국가이념은 불교였다. 모든 지식인들에게 불교 지식은 필수적이었다. 또한 고려의 지배층은 모든 백성들에게 불교의 교리를 교육시켜서 불교사상으로 통일시키고자 했던 것이다. 이처럼 인쇄술은 사상과 생각을 통일시키는 데 기여했다.

전체주의나 독재사회에서는 다양한 책을 인쇄하지 않는다. 모든 독재사회에서는 읽어서는 안 되는 책인 금서(禁書)가 있다. 사상의 통일과 사상의 지배를 방해하기 때문이다. 중국의 진시황이 책을 불태웠던 이유도 다양한 사상이 퍼지는 것을 막기 위한 것이었다.

고려의 인쇄술은 고려왕조와 고려의 지배층, 국가의 사상적 통일을 위한 것이었다. 그래서 다양한 종류의 책이 인쇄된 것이 아니라 지식인과 백성들에게 꼭 읽게 만들어야 할

영화를 관람하기 위해 영화표를 샀
다. 그런데 영화표를 잃어버렸다. 영
화관 입구에서 표 검사하는 사람에게
"영화표를 샀는데 잃어버렸다. 들어
가게 해 달라."고 하면 과연 들여보
내 줄까? 사람의 말보다 인쇄된 종
이, 카드를 더 믿는다. 인쇄는 신뢰와
믿음, 증명의 기준을 바꿔 버렸다. 모
든 계약의 증명이나 약속, 확인의 근
거는 인쇄된 것으로 바뀌었다. 근대
사회에서 인쇄가 가장 결정적으로 힘
을 발휘한 것은 종이화폐의 등장이
다. 종이에 금액을 인쇄한 돈은 인쇄
문화의 결정판이다.

권장도서, 필수도서만을 인쇄한 것이다.

또한 고려에서 인쇄된 책들은 모두 한자로 되어 있다. 즉
한자를 아는 사람만이 읽을 수 있는 책이다. 한자를 모르는
사람들은 책을 통해 지식을 갖지 못한다. 고려사회에서 지
식인과 비지식인의 경계는 분명했다. 비지식인이었던 대부
분의 농민, 노비, 천민들은 당연히 지식인들의 지배와 교양
을 받으며 살아야 했다. 인쇄술은 읽을 수 있는 사람과 읽지
못하는 사람, 가르치는 사람과 가르침을 받는 사람으로 나
누는 데 기여한다.

구텐베르크의 인쇄기에서는 매우 다양한 책들이 인쇄되

었다. 먼저 성경이 다양한 언어로 인쇄되었다. 그래서 라틴어를 몰랐던 많은 사람들도 성경을 읽을 수 있었다. 또 그리스 고전 작품들이 인쇄되어 팔렸다. 다양한 사상과 주장들이 퍼져 나갔다. 하나의 사상이 아니라 여러 가지 사상이 지식과 사상의 독점을 깨고 유럽 전체를 떠돌기 시작한 것이다. 이것이 유럽을 변화시킨 결정적 요소가 되었다.

■ 인쇄술은 고려사회를 어떻게 변화시켰는가

고려는 992년에 국자감(성균관, 오늘날의 대학)을 설립한다. 국자감에는 국자학, 대학, 사문학 등 6개 학과가 있었다. 학생 정원은 각각 300명으로 정해져 있었으나 전체 학생이 6,000명일 때도 있었다. 1109년에 무관(군인)을 양성하는 학과도 만들어졌다.

국자감은 세계 최초의 대학이다. 유럽에서 가장 오래된 대학은 이탈리아의 볼로냐 대학으로 1119년경에 세워졌으며, 프랑스의 파리 대학은 1150년경, 영국의 케임브리지 대학은 1209년경에 설립되었다.

고려의 인쇄술로 불경, 불교에 관련된 책들이 출판되어 지식인들에게 공급되었다. 불교사상과 불교의 이념으로 지배 체제를 유지하던 고려왕조와 호족들은 더욱 더 불교 교리를 통한 사상과 문화를 강화했다. 고려 말기에는 지방의 사찰(절)에서도 활자 인쇄가 이루어졌다. 왕실에서는 서적원(書籍院)을 두고 활자의 주조와 서적의 출판을 전담하도록 했다.

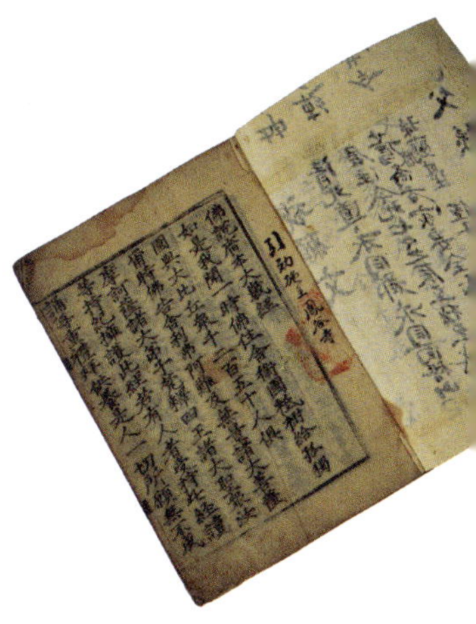

금속활자 인쇄 기술을 이어 받은 조선시대에는 1403년 (조선 태종 3년) 계미자를 비롯하여 약 350가지의 각종 활자를 만들어 많은 종류의 책을 인쇄했다. 조선시대에 들어오면서 금속활자 기술이 더욱 더 발전되고 다양한 글자체가 개발된 것은, 고려시대의 불교가 조선시대에는 유교로 국가 통치 사상이 바뀌면서 그 사상을 백성들에게 교육시키기 위해서였다. 백성들에게 읽힐 책이 필요했던 것이다. 대표적인 책이 바로 세종 때 출판된 《삼강행실도》다. 백성들이 읽고 내용을 쉽게 이해할 수 있게 책에 그림을 그려 넣었고 나중엔 한글로 쓴 책이 인쇄되었다.

구텐베르크의 인쇄술은 지식과 문자의 독점을 깨고, 지식의 민주주의, 지식의 평준화를 가져 왔다. 지식과 사상의 불꽃이 된 것이다. 또한 성경, 그리스 고전 작품 등 다양한 내용의 책들을 인쇄하여 보급함으로써 다양한 사상과 생각들을 출현시켰다. 다른 생각과 주장을 하는 개인들이 출현하기 시작할 것이다.

고려와 조선의 인쇄술은 국가의 사상, 국가의 통치이념을 교육시키는 방법으로 사용되었다. 왕족, 귀족, 호족들 중심의 신분제도와 지배를 더욱 더 강화하고 백성들의 생각을 통일시키는 데 쓰였다. 전체주의 사회는 읽어야 할 책들이 정해져 있다. 지식의 독점을 깨는 것이 아니라 지식의 독점을 더욱 더 강하게 하는 데 인쇄술이 사용된 것이다. 인쇄술이 가진 두 가지 얼굴이다.

03_ 세계에서 가장 **아름다운 그릇을 만든 사람들**은 누구인가

고려청자

자신들이 사용할 그릇이 아니라 왕과 귀족들에게 바치기 위해 만들었던 도자기. 도자기를 만들지 않으면 형벌을 받아야만 했던 이름 모를 도공들. 그들에게 고려청자는 생존을 위한 노동이었다. 예술품을 만들기 위한 것이나 취미 생활이 아니라 삶을 위한 노동이었던 것이다. 그들에게서 아름다운 청자가 만들어졌다.

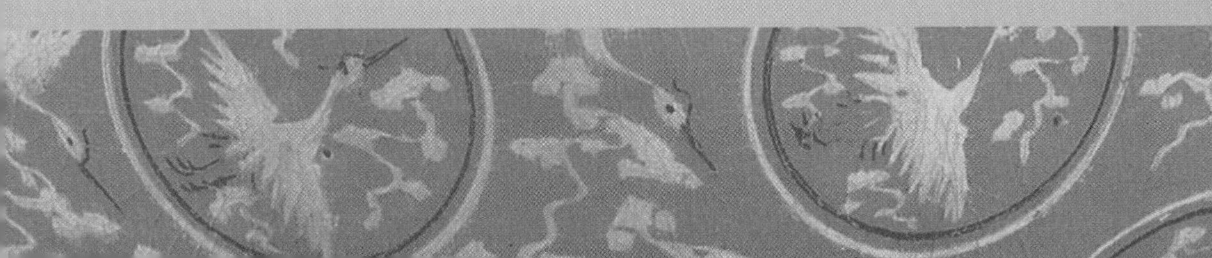

고려청자를 본 적이 있는가. 숨이 멎는다. 아름답다. 풍요로움과 편안함이 느껴진다. 그렇다. 청자는 사람을 행복하게 한다. 아름다움은 사람을 넉넉하게 만든다. 이 아름다움을 선물한 고려인들에게 감사한다.

아직 고려청자를 만난 적이 없다면 안타까운 일이다. 약 1000년 전 고려인들이 선물한 아름다움을 아직 받지 못한 것이니까. 고려청자는 많은 사람들의 삶을 바꾸어 놓았다. 영국의 도예 이론가 버나드 리치(Bernard Leach)는 일본에서 판화 공부를 하던 중 고려청자를 만났다. 청자의 아름다움에 반하여 도예가의 길을 걷는다. 그는 "이 색을 낼 수 있다면 사람들을 얼마나 행복하게 할 수 있을까?"라는 말로 청자의 아름다움을 표현했다.

- 아름다운 것들의 공통점은 무엇일까?
- 고려청자를 만든 사람들은 누구일까?
- 고려청자를 만든 도공들의 이름은 왜 남아 있지 않을까?
- 각 시대마다 도자기의 모양과 빛깔이 다르게 만들어졌다.
  왜 이렇게 시대마다 도자기의 빛깔과 모양이 다른 것일까?
- 과연 예술은 고통 속에서 출현할까?

시인 박종화는 청자의 아름다움을 이렇게 노래했다.

청자부(靑磁賦)_ 박종화

선(線)은

가냘픈 푸른 선은

아리따웁게 구을러

보살(菩薩)같이 아담하고

날씬한 어깨여

사월 훈풍에 제비 한 마리

방금 물을 박차 바람을 끊는다.

그러나 이것은
천년의 꿈 고려 청자기!

빛깔 오호! 빛깔
살포시 음영(陰影)을 던진 갸륵한 빛깔아
조촐하고 깨끗한 비취(翡翠)여
가을 소나기 마악 지나간
구멍 뚫린 가을 하늘 한 조각
물방울 뚝뚝 서리어
곧 흰 구름장 이는 듯하다.

그러나 오호! 이것은
천년 묵은 고려 청자기!

술병, 물병, 바리, 사발,
향로, 향합, 술잔, 베개,
흙이면서 옥(玉)이더라.

구름 무늬, 물결 무늬,
구슬 무늬, 칠보 무늬,
꽃 무늬, 백학(白鶴) 무늬
보상화문(寶相華紋) 불타(佛陀) 무늬,
토공(土工)이요 화가더라
진흙 속 조각가다.

고려청자를 만든 사람들은 누구인가

고려의 유물을 모아 놓은 박물관에 가면 가장 많은 것이 바로 '청자'다. 고려를 대표하는 문화재이자 유물은 바로 그릇이다. 청자다. 왜 그릇이 고려시대를 대표하는 유물일까? 과연 고려 사람들은 자신들을 대표하는 유물로 청자를 생각했을까? 고려시대에 청자를 사용했던 사람들은 과연 누구일까?

고려청자를 만든 사람들은 '도공(陶工)'들이다. 고려청자를 만든 도공들은 이름이 없다. 역사에서는 그들을 '장인(匠人)'이라고 부른다. 고려시대 청자가 만들어진 곳은 전라남도 강진과 전라북도 고창이다. 고려 임금 예종은 강진과 고창에 도기소(陶器所)와 자기소를 설치한다. '소(所)'란 특별한 기술을 가진 장인들이 모여 사는 마을의 이름이다. 기와를 굽는 장인들이 모여 사는 곳은 '와소(瓦所)', 종이를 만드는 마을은 '지소(紙所)'라 불렀다. 고려의 소는 전국적으로 약 275개였으며, 주로 전라도와 충청도에 집중되어 있었다.

고려시대에는 향·소·부곡이라는 특별 구역이 있었다. 이곳에는 특별한 사람들이 살고 있었다. 일반 양민이 아닌 노비(奴婢)와 천민들만이 사는 특별 구역이었다. 이 중에서

도공 기념비

고려청자를 만들었던 도공들의 기록은 남아 있지 않다. 고려청자가 만들어졌던 대표적인 가마터는 전라도 강진에 있다. 도공들의 삶터였던 강진은 조선시대까지 죄인들의 유배지였다. 강진은 다산 정약용의 유배지로 유명하다. 청자가 만들어졌던 대부분의 가마터는 산속에 있었다. 흙을 구할 수 있는 곳, 땔감을 구할 수 있는 곳이어야 했기 때문이다. 도공들의 삶은 마치 유배지의 죄인들처럼 살았던 것은 아닐까? 고려청자는 유배지에서 핀 꽃이다.

소는 주로 수공업 생산을 담당했다. 자기소(磁器所)·철소(鐵所)·은소(銀所)·금소(金所)·동소(銅所)·사소(絲所)·지소(紙所)·주소(紬所)·와소(瓦所)·탄소(炭所)·염소(鹽所)·묵소(墨所) 등의 명칭으로 수공업 생산의 중요 부분을 차지하였다.

소의 주민들은 국학(國學)에 대한 입학 금지뿐만 아니라 형벌은 노비와 같았으며, 승려가 되는 것도 금지되었다. 이들은 교육, 벼슬, 거주, 결혼 등에서 일반 지역민들과 달리 차별을 받았다. 소에 사는 사람들은 특정 생산물을 직접 생산하는 전문 기술자인 장인과 이를 도와주는 사람들로 구성되어 있었다. 장인들의 아들은 공로가 있다 하더라도 벼슬을 시키지 않았으며, 이미 벼슬 임명장을 받은 자는 그것을 회수하게 되어 있었다. 벼슬살이를 하지 못하며 국자감에도 입학하지 못하는 신분인 만큼 과거시험에도 응시할 수 없었다. 장인들은 의복과 모자를 착용하는 데서도 구별되었으며, 비단옷을 입지 못한다거나 금은이나 주옥 장식물을 이용하지 못하는 등의 차별을 받았다. 백제시대에는 기술자나 전문가들을 '박사'라고 부르며 존경받았지만 고려시대에는 천민 대접을 받았다.

고려 때 도자기는 관청에서 운영하는 대규모의 관요(官窯) 4군데와 기타 민요(民窯) 70여 곳에서 생산되었다. 도공들은 도자기의 재료가 되는 흙, 물 그리고 땔감 등을 찾아서 옮겨 다니며 살았고, 가마를 만들고 그릇을 구워 쌀과 바꾸어 먹으면서 살았다.

귀족, 관료, 절간이 수공업을 운영하고 있었다. 대규모의 토지를 소유하고 있는 귀족(호족)들과 절(사원)은 농장을 차려서 전문 기술을 가진 장인들에게 일을 시켜 수공업품을 만들게 하고, 하인들로 하여금 장사를 시키면서 이득을 챙겼다.

이렇게 가혹한 삶의 조건 속에서 도공들은 고려청자를 만들었다. 자신들이 사용할 그릇이 아니라 왕과 귀족들에게 바치기 위해 만들었던 도자기. 도자기를 만들지 않으면 형벌을 받아야만 했던 이름 모를 도공들. 그들에게 고려청자는 생존을 위한 노동이었다. 예술품을 만들기 위한 것이나 취미 생활이 아니라 삶을 위한 노동이었던 것이다. 그들에게서 아름다운 청자가 만들어졌다. 그들은 과연 어떻게 해서 아름다움을 창조했을까? 가난과 슬픔이 아름다움의 재료가 되었을까? 아니면 그들의 희망과 꿈을 청자에 담았던 것일까?

왜 하필 청자색, 비색(翡色)인가

청자의 빛깔을 비색(翡色)[3-1]이라고 한다. 고려인들은 도자기를 왜 비색, 청자색으로 만들었을까? 조선의 도공들은 청자를 버리고 백자를 만든다. 도자기의 색깔에는 어떤 의미가 담겨 있을까?

청자의 색깔은 옥(玉)과 관련되어 있다. 청자는 중국에서 처음 만들어졌다. 동양인들은 옥(玉)이 군자(君子)를 상징하고 부귀와 영화를 가져다주는 보석이라고 믿었다. 옥은 죽음 이후의 내세에서도 행복한 삶을 보장하는 신비로운 돌로 여겨졌다. 그래서 옥으로 만든 반지, 귀걸이, 목걸이 등을 만들었다.

옥의 색깔을 좋아하게 되었다. 그윽하고 깊은 옥색은 옥의 신비로움을 상징하는 색깔이 되었다. 자연에서 나는 옥은 귀했다. 왕족이나 귀족들만이 옥을 가질 수 있었다. 이렇게 귀한 옥을 도자기로 만들고자 하는 욕망이 생겼다. 청자는 옥과 옥색을 내기 위한 노력의 과정에서 탄생했다.

옥색은 하늘의 빛깔과도 닮았다. 청자 빛깔은 하늘색이다. 하늘에 대한 그리움, 하늘의 아름다움을 도자기에 담고

3-1_ 가장 아름다운 청자의 빛깔은 유약에 약 3%의 철분을 넣었을 때 만들어진다고 한다. 철분이 적으면 연두색에 가깝고 많아지면 어두운 녹색이 된다. 약 8%에 이르면 갈색으로 된다. 도자기의 색깔은 흙 속에 철분이 어느 정도 들어 있느냐에 따라 달라진다. 바위와 돌, 흙의 색깔 역시 철분의 양에 따라 달라진다.

자 했다. 하늘의 색, 죽음 이후에는 하늘에 살 것이라는 믿음이 청자색에 담겨 있는 것이다. 죽음 이후의 삶을 그리워했다는 것은 그만큼 지금 자신들이 살고 있는 현재의 삶이 괴로웠다는 것을 의미한다. 고대의 왕들과 지배자들은 자신들의 출신과 자격을 '하늘'과 연결시켰으며, 하늘로부터 자신들이 지배권을 부여 받았다고 주장했다. 자신들의 권력의 출발지, 권력의 보증을 하늘이 해 주고 있다는 것이다. 그리고 그러한 하늘 중심, 내세 중심의 세계관과 인생관은 삼국시대부터 시작된 귀족불교, 왕권불교에서 확실하게 교육되었고 곧 모든 사람들의 믿음이 되었다.

고려시대 대부분의 사람들에게 현실의 삶은 고통스럽고 힘든 것이었다. 고려의 백성들은 자신이 먹을 것을 해결하기 위해서도 열심히 일해야 했지만 귀족, 왕족, 지배층들이 먹을 것과 그들의 사치에 필요한 모든 것들을 생산해야만 했다. 또 그들은 지배계급의 영토를 지키기 위해 전쟁에 나가 목숨을 바쳐야 했다. 그들에게 현실의 삶은 고달프고 힘든 것일 수밖에 없었다. 무엇보다도 힘든 것은 지배계급을 위해 살아가야만 하는 자신들의 처지가 운명적이며, 살아 있는 동안 변하지 않는다는 점이다. 노비는 노비의 운명으로 평생 살아가야 한다. 천민은 천민으로, 지배자는 영원히 지배자로서 살아가는 것이다.

이러한 자신들의 운명적 삶에 대한 설명은 불교라는 종교가 대답해 주고 있었다. 오직 희망은 내세일 뿐이다. 현실의 불행하고 고통스러운 삶은 전생에 내가 지은 죄 때문이다. 지금의 삶을 참고 열심히 살면 죽어서 분명 새로운 삶을 살 수 있다고 불교는 가르쳤다. 그리고 그 내세를 상징하는 빛깔은 바로 하늘빛이었다. 하늘빛은 불교의 빛깔이자 신앙의 빛깔이었다. 청자의 빛깔에는 고려인들의 간절한 희망과 꿈이 담겨 있었다.

고려의 귀족들은 고려청자를 사용하면서 자신들의 지위를 하늘과 연결시키고 부귀영화가 내세까지 계속되기를 희망했을 것이다. 그와 반대로 현실의 삶을 긍정하지 못하는 삶, 생존에 필요한 것들이 부족하여 현재의 삶이 늘 고통스러웠던 삶이 희망을 찾았던 곳은, 곧 '죽음 이후의 삶, 내세'였으며 그 내세의 삶은 하늘에 있다고 믿었다. 현재의 삶을 살아가는 이유가 거기에 있었다. 그곳은 아름다운 곳이다. 고려청자의 아름다움은 고려인들의 간절한 마음에 비례한다. 간절함과 열렬한 희망이 얼마나 아름다운 세계를 만들 수 있는가를 보여 준다.

고려청자에 등장하는 여러 가지 문양은 무엇을 의미하는가

고려청자에는 여러 가지 문양이 새겨져 있다. 그 문양들은 어떤 의미를 담고 있는 것일까? 구름, 학, 연꽃, 물고기, 석류, 죽순, 앵무, 원앙, 봉황, 원숭이, 모란, 국화, 포도 등이 그려지거나 새겨져 있다.

학은 다른 새들과 달리 조용한 곳에서 고고하고 품위 있게 사는 현자(賢者)라고 여겨졌다. 그래서 학은 새의 우두머리를 의미하여 최고의 벼슬을 가진 사람과 동일시되었다. 한 마리의 학이 그려진 도자기에는 학처럼 고고하게, 최고의 정승이 되라는 희망이 담겨 있는 것이다. 또 새는 자유로움을 상징했다. 땅에 붙어사는 사람들은 새들이 부러웠다. 자유롭게 자신이 가고 싶은 곳을 경계 없이 날아다니는 새는 부러운 존재였다.

언제나 눈을 뜨고 있는 물고기는 불교에서 깨어 있는 사람을 의미했다. 절에 가면 물고기 상징이 많이 있는 것도 이 때문이다. 목어(木魚), 바람에 흔들리며 소리를 내는 풍경, 목탁 등이 모두 물고기 모양으로 만든 것이다. 물고기는 물 속에서 자유롭게 헤엄치며 모였다 흩어진다. 한곳에 고정되어 있지 않다. 모든 속박과 집착으로부터 벗어난 존재라고 여겼다.

연꽃은 불교에서 깨끗함을 상징한다. 더러운 진흙 속에서 자라나 아름다운 꽃을 피우는 연꽃은 부처의 뜻을 가장 잘 담고 있는 꽃으로 여겨졌다.

예술은 고통 속에서 출현하는가

고려 백성들인 도공들의 삶은 진흙 속이었다. 고려청자는 그 진흙 속에서 피어난 연꽃이다. 아름다운 꽃이다. 아무도 다시는 만들지 못할 고려인들만이 피어 낸 꽃인 것이다. 무엇

이 이렇게 아름다운 꽃을 피울 수 있게 한 것일까? 아무리 고
려 귀족들이 만들어 내라고 다그쳤다 하더라도 대강 만들면
되었을 것을 어떻게 이렇게 아름다운 청자를 만들었을까?

그릇을 만들 흙을 찾고, 그 흙을 골라 불순물을 제거하고
오랫동안 다지고 밟아 흙 속의 공기를 빼내어 알맞은 흙을
만든다. 물레를 돌려 그릇 모양을 만든다. 그릇 표면에 조각
칼로 얇게 파면서 문양을 그려 넣는다. 문양을 판 부분에 흰
색 흙을 붓으로 메운 뒤 조각도로 깔끔하게 긁어 낸다. 만들
어진 도자기를 가마에 넣고 초벌구이를 한다. 800도의 불에

굽는다. 초벌구이가 끝나면 4, 5일 가마에 두어 식힌다. 초
벌구이 한 도자기에 유약을 입힌다. 유약을 바른 도자기를
가마에 넣고 재벌구이 한다. 이때 불의 온도는 약 1,300도
다. 이틀간 쉬지 않고 굽는다. 도자기가 익으면 가마의 모든
불구멍을 막아 버린다. 가마 안의 불은 산소가 부족해 도자
기 속에 있는 산소까지 모두 태워 버린다. 5, 6일 동안 가마
에서 식힌 다음 꺼낸다. 이것이 고려청자를 만드는 과정이
다. 하나의 그릇이 완성되기까지 얼마나 많은 시간과 노동
이 필요한 것일까?

굶주리고 헐벗은 가난한 사람들, 공부도 하지 못하고 글
도 읽지 못하는 사람들, 태어난 곳에서 평생 살아야만 했던
사람들이 도공이다. 그토록 아름다운 청자를 만들어 낸 사
람들이다. 과연 예술은, 가장 아름다운 것은 고통 속에서 출
현하는 것일까?

우리는 고려청자를 만든 사람들을 '무식[3-2]한 사람들' 이라
고 오해하기 쉽다. 지식인도 아니고, 글을 읽고 쓸 줄도 모
르며, 견문이 넓지 못하다는 이유로 무식하고 천한 사람들
이 우연히 만들었다고 착각할 수 있다.

과연 그들은 무식한 사람들이었을까? 무식과 유식의 차
이는 무엇일까? 고려청자를 만든 사람들은 결코 무식하지
않았다. 그들은 흙에 대해서는 세계적인 전문가들이었다.
그들은 불에 대해서도 가장 많은 지식을 지니고 있었다. 그
들은 흙과 불, 공기와 바람, 유약, 색깔과 문양에 대해서 그

어느 누구도 따라 올 수 없을 만큼 전문적인 지식을 가지고 있었다. 과학이 최고로 발달했다는 오늘날 그 누구도 고려청자를 재현하지 못한다. 누가 감히 고려의 도공들을 무식한 사람들이었다고 말할 수 있겠는가.

아름다움은 늘 수천, 수만 번의 반복 속에서 탄생한다. 빈센트 반 고흐의 아름다운 그림 역시 수천, 수만 번의 붓질 속에서 탄생했다. 고려청자는 도공들의 수천, 수만 번의 손질과 발질을 통해 출현했다. 기계가 하는 수천, 수만 번의 반복은 단순한 반복일 뿐이다. 그러나 인간이 수천, 수만 번 반복하는 것에는 마음과 혼이 담긴다. 그것과 하나가 되게 한다. 그리고 드디어 그것을 사랑하게 된다.

고려의 도공들은 흙과 불을 수천, 수만 번 만나고 만지고 사랑했다. 그것들과 하나가 되고, 그 속에 자신들의 희망과 꿈을 담았다. 마치 진흙 속에 피어난 아름다운 연꽃이 수만 년에 걸친 흙과 물의 조화 속에서 피어나듯이.

고려청자와 도공들은 인간이 창조할 수 있는 아름다움의 비밀을 알려 주었다. 인간이 어떻게 아름다운 세계를 만들어 갈 수 있는지를 보여 주었다. 인간의 노력과 열정, 집중이 이루어 낼 수 있는 아름다움의 가능성을 열어 주었다. 가난한 사람, 신분이 천한 사람, 피지배자들도 아름다운 세계를 만들어 갈 수 있음을 증명해 주었다. 이것이 고려의 도공들이 청자의 아름다움과 함께 우리에게 준 희망의 선물이다.

04 _ 한반도의 의류혁명

문익점의 목화는 한반도 사람들의 삶을
어떻게 변화시켰는가

문익점의 목화는 고려 사람들에게 '아름다움'에 대한
느낌과 감정, 아름다움에 대한 욕망을 꿈꾸게 했다. 겨
울에도 따뜻한 옷을 입고, 따뜻한 이불 속에서 행복하게
잠을 잘 수 있게 되었다. 행복함을 경험하게 된 것이다.
이 행복함은 새로운 행복함을 희망하고 꿈꾸게 한다.

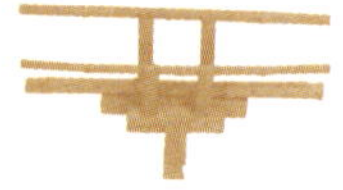

옷은 사람의 체온을 지켜 준다. 사람은 항온동물이다. 항상 체온을 유지해야만 살 수 있다. 여름에는 더위로부터, 겨울에는 추위로부터 몸을 보호해야만 한다. 만약 추운 겨울에 몸을 보호할 수 없다면 얼어 죽는다. 과연 한반도인들은 고려시대까지 따뜻한 옷 한 벌도 없이 추운 겨울을 어떻게 견뎌 낼 수 있었을까?

'군졸들은 추위에 떨고 굶주리고 있었으며 도롱이를 몸에 두르고 지내었다.……죽은 시체가 길에 잇대어 있었다. 대오를 떠난 군졸 등이 길에 밀려다니며 걸식했고 그들의 얼굴은 파리했다.'
　　　　　　　　－《고려사》 공민왕 13년 1월 임오일 기록

－문익점의 목화는 사람들의 삶을 어떻게 변화시켰을까?

－한반도 사람들은 어떤 옷을 입고 살았을까?

－옷이 바뀌면 생각도 변화하는 것일까?

－옷은 사람들에게 어떤 욕망을 불러일으킬까?

－문익점의 목화는 한반도인들에게
　어떤 꿈과 희망을 갖게 했을까?

유랑하는 백성 _ 어무적

백성들 살기 어려워라.

백성들 살기 어려워라.

해마다 흉년 들어 먹을 것 없으니,

너를 도와주고 싶은 내 마음 간절하지만,

나에게는 아무런 힘이 없구나.

백성들 살기 어려워라.

백성들 살기 어려워라.

날이 추워도 입을 것이 없으니,

저들은 너를 건져 줄 힘이 있건만,

너를 도와 줄 마음이 없구나.

-《대동시선》 권2 중에서

1363년, 문익점이 목화씨를 수입하여 재배에 성공하기 전까지, 고려의 백성들은 겨울에는 추위를 피해 집 안에 틀어 박혀 있어야만 했다. 무명옷을 만들기 전까지, 목화[4-1]를 재배하기 전까지 고려 사람들은 삼베나 칡넝쿨로 옷을 해 입었다. 비단과 모시옷은 귀족들과 양반들만이 입을 수 있었다. 백성들은 여름에는 삼베나 모시를 입고 지낼 수 있었지만 추운 겨울은 너무나 힘들었다. 추위로 해마다 많은 사람들이 얼어 죽거나 고생했다.

문익점은 원나라에서 목화씨를 가져와 그의 장인 정천익

과 함께 재배에 성공한다. 그리고 10여 년 뒤 한반도 전국의 밭에 목화가 심어졌다. 드디어 고려의 백성들이, 한반도인들이 무명옷을 입을 수 있게 되었다. 그리고 탐스런 목화솜을 넣은 솜옷을 입고 겨울에도 활동할 수 있게 되었다. 겨울이 살아난 것이다. 봄, 여름, 가을, 겨울 사계절 모두 활동할 수 있는 시대가 열렸다. 목화로 인해 죽은 겨울이 살아 있는 겨울로 바뀌었다.

인류의 옷이 된 목화

목화의 원산지는 인도다. 약 5,000년 전부터 재배하기 시작한 목화의 솜털은 옷의 원료[4-2]로 가장 많이 쓰였다. 지금 현대인들이 사용하는 옷감의 70%는 목화로부터 얻는다. 우리가 입고 있는 대부분의 옷은 목화로 만든 면이다. 면은 비단이나 양모에 비해 보온력과 흡수성이 뛰어나다. 솜을 짜서 실을 만들면 강도가 강해서 방적하기가 쉽다. 또한 탄력성과 신축성이 높고 촉감도 좋다. 빛깔이 아름다우며 광택이 좋고 염색하기 쉽다. 가벼워서 옷감으로는 환상적이다.

목화는 버릴 것이 거의 없는 식물이다. 목화의 열매인 솜은 옷감으로 사용한다. 목화씨는 약 20% 정도의 기름을 함유하고 있는데 기름을 짜서 먹기도 하고 연료로도 사용한다. 기름을 짜고 남은 찌꺼기는 비료로 쓰였다. 목화 줄기는 불을 피울 때 연료로 사용되었다.

뽕나무의 뽕잎을 먹고 자라는 누에고치에서 비단을 만들

어 낸다. 비단을 만들어 내는 뽕나무 그리고 삼베나 모시풀
은 여러해살이 식물이다. 이에 반해 목화는 한해살이 식물
이다. 여러해살이 식물이나 나무는 한곳에 나무를 심고 계
속해서 잎이나 줄기만 채취하면 됐다. 한해살이 식물인 목
화 재배는 한반도의 밭작물과 경작체계를 획기적으로 변화
시켰다.

목화는 한반도인의 삶을 어떻게 변화시켰는가

목화는 따뜻한 겨울을 열었다. 추운 겨울에도 사람들이
집 밖으로 나와 자유롭게 활동할 수 있게 되었다. 삶의 시간
이 늘어났다. 노동할 수 있는 시간이 늘어난 것이다.
목화는 가을에 수확하여 겨울에 물레를 돌

려 실을 만들고 베를 짰다. 겨울에도 할 일이 생겼다. 목화
는 한반도인의 생활 리듬을 변화시켰다.

옷 문화가 달라졌다. 계절에 따라 여러 벌의 옷을 입게 되
었다. 무명베를 이용해 여러 종류의 다양한 옷들이 만들어
졌다. 바느질 능력도 발전해 옷을 디자인[4-3]하는 문화도 변화
했다. 치마, 바지, 저고리, 속옷, 버선 등 의복 생활에 획기
적인 변화가 이루어졌다. 옷의 역사는 목화 재배 이전과 목
화재배 이후로 나누어질 정도의 혁명적인 변화였다.

목화는 솜을 탄생시켰다. 솜으로 만든 탈지면은 병을 치
료할 때 사용되었다. 또한 솜은 불을 켜는 초나 화약의 심지
로도 사용되었다. 무명실은 옷을 만드는 바느질 실로 활용
되어 복장문화를 발전시켰다. 튼튼한 무명실로 만든 노끈,
낚싯줄, 그물의 이용은 산업과 어업 등 많은 분야에서 생산
력을 높이는 데 기여했다.

솜은 이불을 만들었다. 솜을 넣은 이불이 만들어지자 솜
이불을 보관하는 가구가 필요해졌다. 이불장이나 반닫이 등
가구문화가 발달하게 되었다. 가구가 많아지자 방이 커지
고, 방이 늘어나자 집이 커졌다. 솜으로 만든 이불이나 옷을
깨끗이 보관하기 위해 방 안의 벽과 바닥에 도배와 장판을
깔았다. 집의 문화가 달라진 것이다.

목화 재배는 여러 가지 기구와 기계 제작의 시작이었다.

한 사람의 생각이, 한 사람의 결정과 선택이 얼마나 많은 사람들의 삶에 영향을 줄 수 있는가를 극적으로 보여 주는 인물이다. 목화 재배에 누가 더 기여했는가에 대한 논란이 많지만, 문익점은 목화씨를 한반도에 들여온 사람임에 분명하다. 그가 목화씨를 가지고 온 이유는 무엇일까? 그것은 분명 고려의 백성들이 새로운 옷을 입기를 바랐기 때문일 것이다. 많은 사람들의 삶이 이롭게 변화하기를 바라는 것, 그것은 늘 새로운 유토피아를 꿈꾸고 희망하는 사람들의 몫이었다.

목화솜에서 씨를 뽑는 씨아나 실을 잣는 물레, 실을 감는 가락, 실낱을 고르는 날틀 같은 면직 기구가 제작되었던 것이다. 목화솜으로 짠 무명천은 물물교환에서 통화 수단으로 이용되기도 하고, 일본이나 중국에 파는 주요 수출품이 되었다.

밭작물인 목화의 재배가 늘어가자 국내의 경지 면적이 급속히 늘어났다. 고려 말 국가의 경작 토지가 50만 결에 불과했으나 조선 건국 초기(1404)에는 거의 두 배인 93만 결로 늘어났다. 이와 같이 경지 면적이 늘어난 것은 토지 정리의 결과이기도 하지만 면화 등 밭작물 재배 면적이 급속히 늘었기 때문이었다.

문익점의 목화는 한반도인의 경제 생활, 의복 및 생활문화를 획기적으로 변화시켰다. 1400년, 문익점이 70세로 죽자 태종은 참지정부사(정2품) 충선공의 벼슬을 내린다. 세종은 죽은 지 40년 된 문익점에게 왕이 내릴 수 있는 최고 품계인 대광보국승록대부 정1품 영의정의 벼슬을 내린다.

목화는 고려인들에게 행복을 선물했다

'옷이 날개'라는 말이 있다. 옷을 입지 않고 맨몸으로 다른 사람을 만날 수 없다. 부끄럽기 때문이다. 성경의 창세기에 아담은 선악과를 먹고 맨 처음 부끄러움을 느낀다. 자신의 발가벗은 몸을 보았기 때문이다. 옷을 입을 때 사람은 당당함을 느끼고 거리에 나갈 수 있다.

사람들은 아름다운 옷을 입고 싶어 한다. 옷은 사람들에게 아름다움을 느끼고 발견하게 한다. 더러운 옷, 몸에 맞지 않는 옷, 찢어진 옷, 따뜻하지 못한 옷은 사람들을 왜소하게 만들고 당당하지 못하게 한다.

옷은 신분을 나타냈다. 왕과 귀족들은 비단으로 만들어진 화려한 옷을 입었다. 낮은 계급인 백성과 천민들은 색깔 있는 옷을 입지 못했다. 신분에 따라 입어야 할 옷[4-4]의 모양과 색깔이 정해져 있었기 때문이다.

목화가 재배되고 옷감이 풍부해지자 옷 모양이 달라졌다. 일반 백성들도 자신의 몸에 맞는 옷을 입기 시작했다. 드디어 옷의 디자인에 대해 생각하고 느끼기 시작한 것이다. 멋있는 옷, 어울리는 옷을 만들어 입게 된 것이다.

4-4_ 계급사회에서는 신분에 따라 옷이 달랐다. 입어야 할 옷의 모양과 종류가 정해져 있었다. 지배층은 노동하지 않는 옷이다. 대다수 피지배층은 일을 할 수 있는 노동 복장이다. 노동복은 걸음걸이가 쉬운 옷이어야 한다. 일을 하면서 때를 타도 쉽게 세탁을 할 수 있는 옷이어야 한다. 우리가 알고 있는 대부분의 옛 옷들은 일하지 않는 사람들의 옷이다. 행사와 축제, 특별한 날에 입는 옷을 기억하는 것이다. 그러나 대부분의 백성들은 노동복을 입고 살았다.

문익점의 목화는 고려 사람들에게 '아름다움'에 대한 느낌과 감정, 아름다움에 대한 욕망을 꿈꾸게 했다. 겨울에도 따뜻한 옷을 입고, 따뜻한 이불 속에서 행복하게 잠을 잘 수 있게 되었다. 행복함을 경험하게 된 것이다. 이 행복함은 새로운 행복함을 희망하고 꿈꾸게 한다.

아름다움을 경험한 사람은 더러움과 추함에 대해 분노한다. 아름다움을 경험하지 못한 사람은 무엇이 더러운지 알지 못한다. 행복함을 느껴 보지 못한 사람은 불행에 대해서 분노하지 못한다. 따뜻함이 주는 편안함을 체험하지 못한 사람은 추위를 당연하게 받아들인다.

빌렌도르프의 비너스와 신윤복의 미인도_
아름다움에 대한 생각도 시대에 따라 달라진다. 빌렌도르프의 비너스는 구석기시대 사람들이 생각한 아름다움을 나타낸다. 구석기시대의 미인이다. 신윤복의 미인도는 조선시대의 미인의 기준이다. 구석기시대의 미인은 아이를 잘 낳은 여인이다. 잘 먹어서 살이 찐 여성이다. 조선시대 미인은 팔등신 미인이다. 사람들의 욕망의 수준과 종류에 따라 아름다움의 기준도 변화한다.

목화와 목화솜을 갖기 전까지 사람들은 단지 따뜻하기만을 소망했다. 따뜻한 겨울을 지낼 수 있다면 소원이 없다고 생각했다. 그런데 이제 목화에서 얻은 솜으로 추운 겨울을 따뜻하게 견딜 수 있었다. 그러자 새로운 욕망이 생겼다. 따뜻함에 그칠 것이 아니라 목화솜을 실이나 천으로 만들어 아름다운 옷을 입고자 하는 욕망이 생겼다. 따뜻함에서 아름다움으로 욕망의 기준이 바뀌었다. 이것은 가능한 것이다. 천을 만들 수 있는 솜이 있고, 천을 자를 수 있는 가위가 있고, 천과 천을 이어서 모양을 만들 수 있는 실과 바늘이 있다. 사람들의 희망과 꿈은 가능함이 느껴질 때 더욱 간절해진다.

아름다운 옷, 멋있는 옷, 따뜻한 옷을 입게 된 고려 사람들은 새로운 욕망을 꿈꾸게 된다. 고려 사람들의 꿈과 희망이 한 단계 업그레이드 되었다. 이제 따뜻한 옷에서 아름다운 색깔로 염색한 옷을 입고 싶어진 것이다.

단지 배고픔을 해결하기 위해 아무거나 먹는 것이 아니라 음식에서 맛을 따지기 시작했다. 생각해 보라. 먹을 것이 없어서 배고플 때는 맛을 따질 수 없다. 맛이 없어도 배를 채우기 위해 허겁지겁 먹는 것이다. 그러나 먹을 것이 많을 때는 맛없는 것은 먹지 않고 맛있는 것을 골라 먹게 된다.

문익점의 목화는 단지 고려 사람들의 옷만 변화시킨 것이 아니라 아름다움에 대한 꿈, 행복한 삶에 대한 희망, 삶에서 추구해야 할 기쁨에 대해 새로운 욕망을 발견하게 했다.

05_ 고려왕조를 망하게 한 것은 무엇이었을까?

농사법이 역사를 변화시킨다

고려 백성들의 정치의식에 변화가 왔다. 생산력이 높아지고 식량이 많아지면 당연히 분배에 대한 요구도 높아진다. 생활이 더 나아질 것이라는 기대가 생기는 것은 당연하다. 그러나 고려 백성들은 더욱 더 가난해졌고, 권력과 식량은 호족과 관료들이 독점했다.

땅과 맺은 관계가 사람들의 운명을 결정하다

모두가 토지에 묶여 살았다. 땅을 떠나서는 살 수 없었다. 땅으로부터 먹을 것이 나오기 때문이다. 땅으로부터 입을 것이 나왔기 때문이다. 땅에 누워 잠을 잤기 때문이다. 땅과 토지는 사람들의 운명을 결정했다. 땅이 곧 삶이었다.

수없이 일어났던 전쟁은 모두 땅을 차지하기 위한 것이었다. 좋은 땅을 차지하기 위해 목숨을 건 전쟁이었다. 최후의 승리자들은 땅을 소유하고 지배하는 사람들이었다. 왕은 땅을 가장 많이 소유한 사람이었다. 노비는 땅을 한 평도 소유하지 못한 사람이었다.

사람은 먹어야만 살 수 있다. 아무리 존귀한 왕이라 해도 결국 먹어야만 한다. 먹을 것은 누가 만들고, 어디에서 나오

- 고려인들은 왜 도망가지 않고
  호족, 지주들의 지배를 받으며 살았을까?
- 중세사회에서 농사법은 사람들의 삶에 어떤 영향을 미쳤을까?
- 고려 말에 전국적으로 민란이 많은 이유는 무엇일까?
- 고려 왕조를 망하게 한 결정적 요인은 무엇일까?
- 시비법(施肥法)은 고려사회를 어떻게 변화시켰을까?

땅과 사람들이 맺은 관계에 의해서 인생이 달라진다. 얼마나 땅을 소유하고 있는지, 얼마나 흙을 손에 묻히는지, 땅에서 얼마나 일을 하는지, 땅에서 생산된 곡식들을 누가 얼마나 갖는지, 땅에서 수확한 곡식을 세금으로 얼마나 내는지, 인생의 시간을 얼마나 땅에서 보내는지, 이렇듯 땅과 어떻게 관계되었느냐에 따라 고려 사람들의 운명은 달라졌다.

는가. 먹을 것은 땅에서 농사[5-1]를 지어야만 생산된다. 농사를 지을 땅과 그 땅에서 열심히 농사를 짓는 농사꾼이 모든 사람들을 먹여 살린다. 고대와 중세사회는 땅과 농사꾼이 생산하는 농산물이 모든 사람들의 삶을 결정지었다.

농업 생산력은 땅에서 얼마나 많은 것을 수확할 수 있느냐를 나타내는 말이다. 농업 생산력이 얼마나 높으냐에 따라 생활의 수준이 달라진다. 농업 생산력이 높아지기 위해서는 무엇이 필요할까?

5-1_ 농사천하지대본(農事天下之大本)이라는 말이 있다. 농사가 세상에서 가장 근본이 된다는 뜻이다. 세종 때 만든 《농사직설》의 서문 첫 문장이다. 농업의 시대, 온 나라 백성들이 농사꾼이었던 시대, 나라의 모든 부가 농사로부터 나왔던 시대에, 땅은 사람들의 목숨과 같은 것이었다.

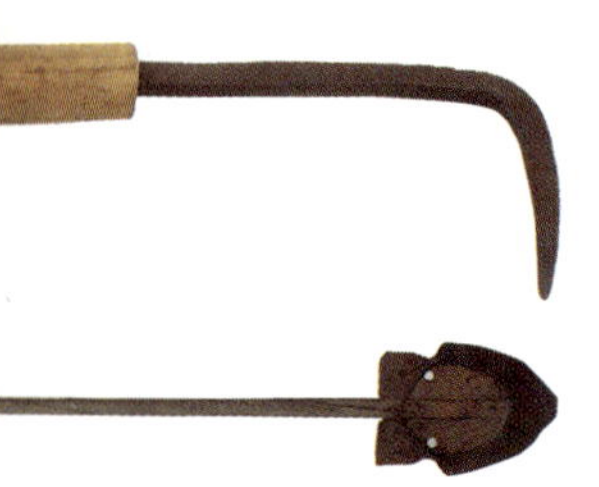

농사천하지대본: 땅이 사람의 삶을 결정했던 시대

모든 것이 땅으로부터 나왔다. 먹을 것이 땅으로부터 나왔다. 입을 것도 땅으로부터 나왔다. 집도 땅에다 지었다. 가축도 땅에서 키웠다. 땅의 성질, 기운, 크기, 변화가 사람들의 삶을 결정했다.

사람들이 거지처럼 이곳저곳을 돌아다니면서 나무에 열린 열매를 따서 먹고 살았던 수렵채취의 시대에는 농사가 없었다. 먹을 것을 찾아다니며 야생에 흩어져서 자라는 식물들의 열매를 따서 먹고 살았다.

식물들의 씨앗을 받아서 땅에 심기 시작했다. 밭농사의 시작이다. 식물들을 찾아다니는 것이 아니라 모아서 집단으로 재배하기 시작한 것이다. 마른 땅에 씨를 심고 밭농사를 지었다. 보리, 밀, 콩, 수수, 조 등을 심었다.

한반도에서 벼농사를 위한 논농사의 기록은 《삼국사기》 백제본기에 나온다. '다루왕 6년(서기 33년) 2월, 나라의 남쪽 부근에 벼농사를 위한 논을 만들게 하였다.' 이것은 논을 만들었다는 우리나라 최초의 기록이다.

밭과 논의 차이는 물에 있다. 밭은 마른 땅에 농사를 짓고, 논은 물을 가두어 벼를 심는 땅이다. 땅을 편평하게 고르고 논두렁을 만든 다음 그 안에 물을 채워 농사를 짓는 것이다. 논은 물을 저장하고 공급할 수 있는 저수지와 물길이 있어야만 농사를 지을 수 있다.

고려시대까지 대부분의 땅은 밭이었다. 논은 물이 흘러내릴 수 있는 강의 하구에 만들어졌다. 인공적으로 저수지를 만들지 못하면 논은 만들 수 없다. 16세기까지 전체 농경지 중 논은 약 20%, 밭이 80%였다. 19세기에 와서야 논의 비율이 30%로 늘어났다.

밭은 똑같은 식물을 같은 땅에 계속해서 심으면 땅이 황폐해져 잘 자라지 않는다. 아무리 기름지고 좋은 땅도 해마다 쉬지 않고 같은 작물을 심으면 작물이 잘 자라지 않고 열매도 잘 자라지 않는 것이다. 과수원도 한 해는 열매가 잘 맺었다가 다음해는 잘 열리지 않는다. 이를 피하기 위해 해마다 작물을 바꾸어 심거나 땅을 돌려가며 쉬는 돌려짓기 농사를 한다. 또 땅에 황토, 거름 등을 주어 땅에 에너지를 공급해 주어야 한다.

그에 비해 논은 해마다 벼를 재배해도 여전히 벼가 잘 자란다. 밭에서 벼를 재배하면 2, 3년에 한 번씩 연작 피해가 나타나지만, 논은 한자리에서 여러 번 반복해서 벼농사를 지어도 연작 피해가 나타나지 않는다. 왜 그럴까? 그것의 비밀은 물에 있다. 논에는 물을 가득 채우기 때문이다.

물이 계속해서 땅에 영양분을 공급해 주기 때문이다. 물은 흙 속에 있는 영양분을 녹여 벼에게 먹인다. 공기 중에 있는 영양분, 흙 속에 있는 영양분을 벼가 잘 흡수할 수 있도록 물이 바꿔 주는 것이다. 또한 물은 벼에게 해로운 병균이나 해충을 씻어 내는 역할을 한다. 물은 논에서 자라는 잡초를 막아 준다. 밭에 비해 논에서는 잡초가 적다.

논을 만들기 위해서는 물을 댈 수 있는 관개시설이 필요하다. 물은 위에서 아래로 흐르므로 논에 물을 대기 위해서는 인공적으로 물길을 만들어야 하고, 물을 저장하여 필요할 때 공급할 수 있는 저수지를 만들어야 한다. 저수지와 물길을 만드는 것은 대규모 공사로 사람들이 동원되어야 하는

거대한 강

황하문명, 메소포타미아문명, 나일강문명 등 인류의 문명은 강가에서 이루어진다. 문명은 왜 큰 강가에서 이루어질까? 강은 인류에게 어떤 역할을 했을까? 한반도에도 한강, 대동강, 낙동강, 영산강 등 큰 강이 여럿 흐른다. 강들을 둘러싸고 국가들이 세워졌다. 강은 농경사회에서 가장 중요한 물을 공급해 준다. 사람들에게 먹는 물을 주고, 땅, 식물, 가축들에게 생명수를 제공한다. 강은 도로였다. 배를 띄워 사람과 물자를 실어 나른다. 위대한 강이다.

국가적 사업이었다.

농사를 짓는 땅에는 물이 필수적이다. 그래서 고대국가들은 큰 강을 중심으로 세워졌다. 신라는 낙동강을, 백제는 한강과 영산강을, 고구려는 대동강을 중심으로 궁궐을 짓고 농사를 지었다.

농업국가에서 강은 여러 가지의 역할을 한다. 사람들이 먹을 수 있는 물을 공급하거나 논과 밭에 물을 대어 농사를 지을 수 있게 한다. 강에 배를 띄워 사람과 물건을 실어 나르기도 한다. 강이 곧 길이며 도로다. 모든 고대문명은 큰 강을 끼고 이루어졌다.

고려시대까지만 해도 논이 적었으므로 농사는 주로 밭에서 이루어졌다. 밭의 치명적인 약점은 비가 오지 않으면 농사를 망친다는 것이다. 식물들은 비와 햇빛, 땅속에 있는 영양분을 먹고 자란다. 가뭄이 들면 농사를 망치고 모든 사람들이 굶어야 했다. 가뭄이 들면 왕이 나서서 기우제를 지내며 하늘에 빌었다.

땅이 목마르면 사람들도 굶주렸다. 땅이 기름지고 평화로우면 사람들의 삶도 평화로웠다. 땅의 리듬은 계절의 리듬과 조화를 이루었다. 봄, 여름, 가을, 겨울에 따라 땅의 모습이 달라진다. 사람들의 삶과 생활 또한 이 리듬에 맞추어 이루어졌다.

토지의 힘을 어떻게 키울 것인가

　좋은 땅이 있어야 한다. 좋은 땅이란 식물들이 잘 자랄 수 있는 영양분이 풍부한 땅이다. 그런데 좋은 땅도 일 년만 농사를 지으면 다음 해에는 나쁜 땅이 된다. 식물들이 영양분을 모두 빨아먹고 나면 다음 해는 농사를 지을 수 없는 땅이 되기 때문이다. 고대와 중세의 농사꾼들은 아직 '비료'를 알지 못했다. 그런 이유로 중세까지의 좋은 땅이란 매년 땅의 영양분이 공급되는 땅이었다. 이런 땅이 어디에 있을까? 가장 대표적인 땅이 이집트의 나일 강 하구다. 매년 홍수가 나면 강의 상류에 있는 모래와 흙들이 강의 하구에 쌓이게 된다. 그렇게 되면 땅은 자연적으로 영양분을 받아 매년 농사를 지을 수 있게 된다.

　그래서 좋은 땅이란 강의 하구에 있는 땅이었다. 큰 강을 끼고 있는 땅이 좋은 땅이다. 농사에 필요한 물을 공급받을 수 있고, 매년 강물을 따라 모래와 흙들이 쌓이기 때문이다. 지배자들은 이 땅을 차지하기 위해 한반도에서 싸웠다. 한강, 낙동강, 대동강, 영산강 등 강 주변의 땅을 중심으로 나라가 세워지고 사람들이 모여 사는 풍족한 곳이지만, 반대로 이로 인해 끊임없이 전쟁이 벌어지기도 했다.

　농업 생산력에서 가장 중요한 것 중 하나가 바로 땅의 힘이다. 소위 지력(地力)이다. 지력을 높이는 방법은 무엇인가. '비료(肥料)'를 주는 것이다. 비료란 '식물에 영양을 주거나 식물의 재배를 돕기 위하여 흙에서 화학적 변화를 가져오게 하는 물질과 식물에 영양을 주는 물질'을 말한다. 이처럼 비료는 땅의 생산력을 유지시켜 주기도 하고, 농작물이 먹고 자랄 수 있는 영양분을 보충해 주기도 한다. 또 농작물의 성장에 도움이 되는 미생물들이 많아지도록 거름을 주기도 한다.

여기에서 의문이 생긴다. 농사를 짓지 않는 땅은 비료를 주지 않아도 매년 식물들이 잘 자라는데 왜 유독 농사를 지은 땅은 거름을 주지 않으면 다음 해에 농사를 지을 수 없는 것일까? 왜 농사를 짓는 땅만 영양분이 고갈되는 것일까?

식물들은 뿌리에서 물과 영양분을 빨아들이고 햇빛을 받아 광합성 작용을 해서 자란다. 자연의 식물들은 한곳에서 자라 영양분을 흡수하고 거기에서 죽는다. 때문에 땅은 다시 죽은 식물로부터 영양분을 받아 영양분 손실이 거의 없는 것이다. 즉 식물은 땅의 영양분을 받아 자라지만 죽어서 다시 땅의 영양분으로 돌아가는 것이다.

그러나 농사를 짓는 땅은 어떠한가. 농경지에서는 농작물이 자라면 그곳에서 죽는 것이 아니라 농사꾼들이 수확하여 사람들이 먹는다. 농작물들은 그곳에서 땅의 영양분이 되지 못하고 인간에게 먹힌다. 농사란 땅의 영양분을 식물을 통해 얻는 것이다. 땅은 인간들에게 영양분을 뺏긴다. 땅에 비료와 거름을 주는 것은 땅에서 빼앗은 영양분을 돌려주는 것이다.

무엇이 비료나 거름이 되는가. 동물들의 똥이나 오줌, 황토, 볏짚과 같은 자연 비료와 질소 등 화학 비료가 있다. 비료를 주는 방법을 시비(施肥)법이라 한다. 그러나 중세까지 농사꾼들은 아직 거름, 비료 주는 법을 알지 못했다. 그래서 농사를 지은 땅에는 다음 해에 똑같은 농사를 지을 수 없었다. 1, 2년간 땅을 쉬게 해서 자연발생적으로 땅의 힘이 회복되기를 기다려야 했다. 이러한 농사법을 휴한농법(休閑農法)이라고 한다.

땅의 힘을 높이는 시비법을 몰랐을 때에는 일 년 농사를 짓고 난 다음 해에는 땅을 쉬게 해 주어야만 하는데, 그동안 사람들은 어떻게 살았을까? 일 년 동안 굶어야만 했을까? 여기에는 두 가지의 방법이 있다. 그 하나는 새로운 땅을 계속 찾아다니는 방법이다. 이것이 유목농법이다. 매년 농사 지을 땅을 찾아 떠돌아다니는 것이다. 둘째 방법이 바로 휴한농법이다. 휴한농법을 하기 위해서는 많은 땅을 가지고 있어야 한다. 많은 땅을 소유하면서 1, 2년마다 땅을 바꾸어 가며 농사를 짓는 것이다.

왕이나 호족들이 왜 그토록 넓은 땅을 소유하려고 했는지 이제야 비밀이 풀린다. 이것이 대토지 소유제[5-2]의 비밀이다. 농사를 지을 수 있는 넓은 땅을 확보하고도 농사짓는 땅과 쉬는 땅을 번갈아 가며 농사를 지어야 했기 때문이다.

귀족, 호족, 지주, 왕족들의 땅에서 일했던 농민, 노비, 백성들은 왜 도망가지 않고 그들의 지배를 받으면서 살아야만 했을까? 왜 그들은 도망가서 가족들과 함께 숨어 살면서 농사를 짓지 않았을까? 왜 그들은 지배자들의 땅에서 시키는 대로 농사를 지어야만 했을까?

이 의문을 풀 수 있는 비밀이 바로 '농사법' 속에 담겨 있다. 논과 밭을 쉬지 않고 매년 농사를 짓는 것을 연작상경(連作常耕)이라고 한다. 이 연작상경은 논과 밭에 비료를 주는 시비법을 알고 있을 때에만 가능하다. 그런데 연작상경과 시비법은 고려 말기에서 조선 초기 무렵에야 알려졌다.

드디어 땅의 힘을 키우는 방법을 알아내다

고려 말, 조선 초에 걸쳐 비료를 만드는 새로운 방법이 발전했는데, 퇴비의 개발이었다. 퇴비는 비료를 만드는 방법으로 인분(사람의 똥)과 짚, 회를 섞어서 만드는 방법이다. 이러한 시비법은 잡초를 제거하는 제초(除草) 기술도 함께 만들어져야 했다. 왜냐하면 땅의 힘을 회복시키기 위해 거름을 주더라도 잡초들이 먹어 버리면 효과가 없기 때문이다. 이 시기에 잡초를 제거하는 농기구, 즉 '호미'와 '가래' 같은 농기구가 만들어져 잡초를 제거하는 데 사용된다.

연작상경이 가능하기 전, 즉 시비법과 잡초 제거 방법이 시행되기 전까지 농사는 아주 넓은 땅을 필요로 했다. 매년 같은 땅에서 농사를 지을 수 없기 때문에 좁은 땅에서는 농사를 계속할 수 없었다. 설령 어떤 농민이 호족들을 피해 도망을 가 숨어서 농사를 짓는다 하더라도 혼자 힘으로 좁은

땅에서 일 년은 살 수 있겠지만 다음 해는 그 땅을 쉬게 해 주어야만 하기 때문에 먹을 것을 구할 수 없었다. 즉 좁은 땅에서는 농사를 지을 수 없기 때문에 도망을 가도 살 수 있는 길이 없었다. 결국 농민이나 노비들은 넓은 땅을 소유하고 있는 귀족과 호족들 밑에서 농사를 지으며 살아갈 수밖에 없었다. 땅이 그들의 삶을 가로막고 있었던 것이다.

14세기경 고려사회는 대토지 소유제의 농장(農場)사회였다. 농장은 많은 토지와 노동력을 확보하고 있는 대토지 소유를 말한다. 고려의 귀족과 호족들은 왕에게 세금을 내고 충성하는 대가로 농토의 수확물 가운데 1/10의 토지세를 걷는 권한을 갖게 된다. 이 권한을 수조권이라 한다. 이 수조권을 갖는 사람을 전주(田主)라 하고 토지를 소유한 사람을 전객(佃客)이라고 한다.

고려의 귀족과 호족들은 농장에서 토지를 확대하고, 농장에서 일할 수 있는 노동력을 확보하기 위해 온갖 노력을 했다. 그들은 노비들을 돈으로 사기도 하고 기증을 받거나 불법적으로 관가의 노비를 이용하기도 했다. 고리대를 이용하여 빚을 갚지 못하는 농민들을 노비로 만들어 농장에서 일하게 했던 것이다.

땅에 묶이고 호족들에게 묶인 삶

땅의 힘을 키우는 방법을 모르던 시절, 오직 넓은 토지에서만 농사가 가능했던 시절, 고려의 농민들은 호족들의 대농장에서 살아야만 했다. 도망갈 수 없는 삶이었다. 아니 도망가서 개인적인 삶을 살 수 없었다. 이것은 사람의 의지가 사회의 경제적인 관계, 자연과의 관계에 영향을 받았다는 것을 의미한다.

고려시대 한반도 사람들의 삶은 대토지를 중심으로 한 공동체 생활이었다. 개인의 삶, 개인의 생각은 상상하기 힘들었다. 이것은 서구 유럽도 마찬가지였다. 유럽의 중세시대에도 지역마다 봉건영주가 통치하는 장원[5-3]이 있었다. 그 장원에도 우리나라의 절처럼 수도원이 있었고 마을 단위로 공동체적 사회가 운영되었다. 유럽의 장원제 또한 휴경농법을 쓰고 있었고 시비법이 개발될 때까지 계속되었다. 결국 시비법이 유럽의 중세시대를 끝냈던 것이다.

호족제, 대농장제 아래 농민의 삶은 거의 농노적인 삶이었다. 사실상 마음대로 이사를 갈 수 있는 거주 이전의 자유도 없었다. 결혼을 해 가족을 이룰 수는 있었지만 모든 가족이 땅에 묶여 호족의 노동력 수단으로 살아가야 했다.

직업 또한 세습되었다. 농사꾼의 자식은 농사꾼이 되어야 했다. 대장장이 자식은 대장장이 일을 물려받았다. 도공의 아들은 도공이 되어야 했다. 노비의 자식은 영원히 노비의 삶을 벗어날 수 없었다.

생활에 필요한 대부분의 물자는 농장, 장원 안에서 자급

5-3_ 장원(莊園)은 유럽에서 봉건영주가 소유한 토지의 단위를 나타낸다. 약 7세기경부터 약 13세기까지 유럽의 장원제는 계속되었다. 장원 안에는 교회, 영주가 사는 성, 농민들이 사는 촌락, 대장간 등 자급자족이 이루어졌다. 장원제에서 농민의 삶은 거의 농노적이었다. 대부분의 농민들은 거주 이전의 자유가 없었다. 영주의 허가가 있을 때만 이사가 가능했다. 도량형도 영주가 정했다. 모든 범죄에 대한 판결도 영주가 했다. 유럽에 봉건영주가 있었다면 고려에는 호족이 있었다.

자족으로 이루어졌다. 옷, 신발, 농기구, 생활 도구들은 대부분 장원 내에서 만들어지고 공동으로 사용되었다. 대부분의 세금은 현물로 바쳐졌다. 닭이 알을 낳으면 알로 바치고, 대장장이는 농기구를 만들어 바쳤다. 백정들은 소나 돼지를 잡아 바쳤다. 때로는 호족의 집을 고치거나 길을 만드는 데에서 노동을 해 세금을 대신하기도 했다.

지역의 모든 문제는 호족이 결정했다. 호족이 곧 판사고 경찰청장이었으며 지역 대통령이었다. 이렇게 호족의 권력이 막강했던 것은 호족들이 자신의 군대를 가지고 있었기 때문이다. 사병(私兵)이다. 호족의 군대, 사병이 곧 호족의 통치를 가능하게 했다. 호족제가 가능했던 두 가지 힘은 휴경농법에 의한 대농장제와 군대의 폭력이었다.

무엇이 호족의 권력을 무너지게 하는가

땅의 힘을 키울 수 있는 시비법(施肥法)의 발견으로 땅을 놀리지 않고 계속 농사를 지을 수 있는 방법이 생겼다. 그래서 가족이 먹고 살 수 있는 정도의 토지만 가지고도 삶이 가능해지게 되었다. 이러한 농사비법이 고려 말에 개발되었다. 개발자는 누구일까? 아무도 모른다. 고려의 농민 모두가 개발자였다.

시비법에 의해 노는 토지가 없이 모든 땅에서 농사를 짓게 되자 생산량이 늘어났다. 그러나 늘어난 생산량은 농민들의 몫으로 돌아오지 않았다. 호족들과 관료들, 권력자들의 재산만 더욱 더 늘어났다. 백성들은 분노했다. 고려 말 한반도 전역에서 민란이 일어난다. 그리고 이 민란[5-4]에 의해 호족제로 대표되던 고려왕조가 서서히 망해갔던 것이다.

1198년 5월, 고려의 최고 권력자였던 최충헌의 노비 만적이 노비들과 함께 고려왕조를 향해 봉기한다. '왕후장상의 씨가 따로 있지 않다.'는 것이 만적의 주장이다. 엄격한 신분사회에서 혁명적인 주장이 노비에게서 나온 것이다. 만적은 고려의 스파르타쿠스였다.

만적은 한반도에서 천인, 즉 노비를 없애는 것을 봉기의 목표로 삼았다. 중심이 된 사람들은 공노비, 사노비들이었

스파르타쿠스_
고대 로마의 노예 반란의 지도자. B.C.73년에 농노와 노예, 빈농들과 함께 로마에 저항하여 반란을 일으켰다. 3년 동안 약 10만 명이 모여 싸웠다. 결국 로마의 크라수스 군대에 패배했지만, 로마는 스파르타쿠스의 반란을 기점으로 점차 몰락하게 된다. 로마제국을 가능하게 했던 노예제가 붕괴되기 시작한 것이다.
바리아 루이 에르네

다. 한반도 역사에서 노비의 봉기 중 최대 규모였다. 이들은 주인을 죽이고 노비문서를 불태워 노비 생활을 청산하고자 했다. 단순한 불만이나 개선을 요구한 것이 아니라 신분제도 자체를 없애려고 했다는 점에서 놀라운 의식의 변화다.

고려 백성들의 정치의식에 변화가 왔다. 생산력이 높아지고 식량이 많아지면 당연히 분배에 대한 요구도 높아진다. 생활이 더 나아질 것이라는 기대가 생기는 것은 당연하다. 그러나 고려 백성들은 더욱 더 가난해졌고, 권력과 식량은 호족과 관료들이 독점했다.

시비법이 개발되었다. 호족들의 지배로부터 벗어나 가족과 함께 달아나더라도 작은 농토에서 농사를 지으며 살 수 있는 가능성이 열렸다. 가족 단위의 생존 방법이 생긴 것이다. 자립적이며 독립적인 삶의 방식을 꿈꾸기 시작한다. 장원제, 대농장 중심의 삶의 형태, 그리고 호족의 권력 독점 체제가 급속히 무너지기 시작했다.

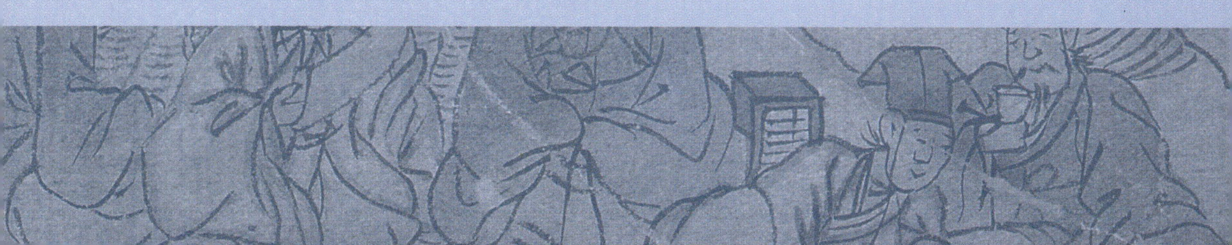

06_ 세계에서 규칙이 제일 많은 나라, 조선

유교의 공자, 조선에서 신이 되다

고려왕조의 통치 세력의 핵심은 호족과 귀족이었다. 왕들이 호족과 귀족을 잘 다스리면 일반 백성들은 당연히 따라오는 것이었다. 그러나 조선왕조는 새로운 백성을 만났다. 한반도의 백성들의 삶의 형태나 의식이 변화한 것이다. 이제 조선왕조는 가족 단위로 쪼개져 있는 소농들과 개인농들, 즉 백성 개개인을 통치해야만 하는 상황을 만난 것이다.

이성계가 왕이 될 수 있는 이유를 설명하라

1388년 5월, 한반도는 긴장했다. 이성계가 위화도에서 군사를 몰아 고려의 수도 개경을 향해 진격했기 때문이다. 이성계의 군사 쿠데타는 성공하여 고려의 우왕을 강화도로 유배 보내고 창왕에 이어 공양왕을 즉위시킨다. 그 뒤 삼군도총제부를 설치, 이성계 스스로 삼군도총제사가 되어 군사 통수권을 완전 장악했다. 결국 이성계는 1392년 7월에 나라 이름을 조선이라 정하고 초대 왕이 된다.

왕이 된 이성계는 공무원 채용시험인 과거를 실시한다. 자신의 신하를 직접 뽑겠다는 의지였다. 고려 때도 과거제도는 있었지만, 귀족의 자식들이 시험을 보지 않고 바로 관료가 되는 '음서제도' 가 과거제도보다 우선시 되었다.

–중국의 공자는 어떻게, 왜 조선의 신이 되었을까?

–조선은 왜 세계에서 규칙이 제일 많은 나라가 되었을까?

–고려사회와 조선사회의 가장 큰 차이는 무엇일까?

–조선사회에서 가장 중요한 규칙은 무엇이었을까?

–조선의 건국세력에게 주어진 시대적 과제는 무엇이었을까?

–국가이념으로서 불교와 유교의 차이는 무엇일까?

공무원을 뽑는 시험인 과거(科擧)제도의 시험 문제는 과연 무엇이었을까? 이성계는 조선이라는 나라를 세우고 자신의 신하들이 어떤 사상과 지식으로 무장하기를 바랐을까? 시험 문제는 성리학, 바로 유교에 관한 지식이었다. 조선은 불교를 버리고 유교를 국가사상[6-1]으로 결정했다. 왜 그랬을까?

1388년 5월, 이성계의 군대가 개경을 향해 진격한 후 맨먼저 고려의 권력자였던 최영이 죽는다. 그 뒤 고려의 왕이었던 우왕과 창왕이 강릉과 강화에서 살해된다. 1392년 4월, 고려의 정치가였던 정몽주가 이성계의 아들 이방원에의해 선죽교에서 철퇴를 맞아 죽는다.

군사 쿠데타를 일으켜 권력을 잡았던 이성계 세력은 자신들이 통치 세력이 되어야 할 이유, 이성계가 왕이 되어야 할

정몽주_ 정몽주는 조선왕조의 신하가 되기를 거부한 고려왕조의 충신을 대표한다. 두문불출이라는 말이 있다. 경기도 개풍군 광덕산 기슭에 두문동이 있었다. 고려의 선비 70여 명과 무관 50여 명이 조선왕조의 신하가 되기를 거부하고 마을 밖으로 나오지 않았다. 이성계는 마을에 불을 질렀지만 아무도 마을 밖으로 나오지 않았다. 모두 죽었다. 이렇게 조선왕조에 협력을 거부했던 고려왕조의 신하들을 충신이라 한다. 그들은 과연 누구를 위해 충성했던 사람들인가. 지배자로서 고려왕조와 조선왕조가 과연 무엇이 다르단 말인가.

논리적인 이유[6-2]를 찾아야만 했다. 그동안 군인으로서, 장수로서 고려왕조의 신하였던 이성계가 하루아침에 왕이 되었으니 백성들과 귀족들에게 통치자인 왕으로 인정받기가 매우 어려웠을 것이다.

고려를 무너뜨리고 새롭게 조선왕조를 세운 통치 세력의 명분, 즉 새로운 지배 세력의 등장을 논리적으로 설명하고 교육시켜야 할 필요가 이성계 세력에게는 절실했다. 이것이 고려 지배 세력의 사상이었던 불교를 버리고 유교(성리학)의 사상을 자신들의 통치사상으로 선택한 정치적 이유였다.

이성계 캠프의 1급 참모였던 정도전은 '사람은 그 기질의 차이로 성인, 군자, 중인으로 구분되며, 공경대부는 사람을 다스리고, 선비는 사람을 가르치고, 농민, 수공업자, 상인들은 노동을 함으로써 먹는다.'라고 주장했다. 농민과 수공업자, 상인을 성인과 군자가 통치하는 것이 당연하다는 것이었다. 유교와 성리학은 '임금은 하늘과 같다.'라는 슬로건을 도입했다. 유교의 가장 첫 번째 주장과 목적은 조선의 신분제도, 계급제도를 정착시키는 것이었다.

불교를 배척하고 유교를 국가사상으로 세우자

정도전은 맨 먼저 고려의 종교였던 불교에 대해 공격한다. 그는 불교에 대해 "윤리를 훼멸시키고 풍속을 패퇴시키며, 가산을 기울여 파산시키고, 가족(父子)이 이산하게 된다. 사람들이 금수로 돌아가고 도탄에 빠져 고생을 받는 것이 이루다 말할 수 없다. …… 불씨(부처)는 인륜을 가합으로 보고 자식이 아버지를 아버지로 보지 않고 신하가 임금을 임금으로 보지 않는다.”고 말하고 있다.

유교를 국가사상으로 정한 조선왕조는 초기부터 유교 윤리를 보급시키고 교육시키는 데 심혈을 기울였다. 유교사상을 교육시키고자 성균관을 세우고 모든 지방에 향교를 세웠다. 예의도덕규범을 담고 있는 《소학》, 《명심보감》, 《효경》, 《국조오례의》 등을 가르쳤다. 성균관에서는 유교의 기본 경전인 4서5경(4서는 논어, 맹자, 대학, 중용이며 5경은 시전, 서전, 춘추좌전, 주역, 예기)을 학습했다. 세종은 유교의 실천 윤리를 보급시키기 위해 집현전을 설치하고 유교 윤리에 대한 다양하고 방대한 책을 만들어 보급시켰다. 《주자가례》의 보급과 장려를 강력하게 추진하였다. 또한 삼강(三綱), 오륜(五倫)과 도리를 지킨 백성들에게 관직을 주고, 천인들은 신분을 상승시켜 주고 세금과 국역을 면제하며 쌀과 콩 등을 상으로 주었다.

조선시대는 모든 백성이 사농공상(士農工商)이라는 신분질서 속에서 살았다. 사(士)는 통치를 담당하는 지배계층이었고, 농공상(農工商)은 생산을 담당하는 피지배계층이었다. 이들은 각각 강제로 정해진 신분질서 속에서 주어진 역할을 담당하며 왕을 중심으로 한 국가체제를 유지했다.
조선시대 토지의 대부분은 소수의 지주(地主)들이 소유하고 있었다. 이들 지주의 핵심 세력은 관리들과 양반지주들

이었다. 이들은 백성의 대부분을 차지하는 농민, 장인, 상인
들을 지배하면서 자신들의 경제적 부와 권력을 누렸다.

양반 지주들은 사상을 지배하며 국가 권력을 독점했다.
양반 지주들은 직접 생산 활동을 하지 않았으며 손에 흙을
묻히지 않았다. 그들은 오직 학문과 무예를 닦아 백성을 통
치하고 왕조를 지키는 임무를 수행했다.

양반 지주들은 그들의 지배 체제를 효율적으로 유지하기
위해 고려 말에 도입된 성리학(性理學)[6-3]을 국가의 사상, 국
가의 이념으로 삼았다. 그 외의 다른 사상은 결코 허용하지
않았다.

82

하늘의 뜻은 왕, 즉 성인과 군자가 나머지 사람들을 통치하는 것이다. 하늘의 뜻인 천리(天理), 하늘의 이치를 따르는 것, 그리고 그 하늘의 뜻을 받아 사람을 다스리는 사람으로 '왕', 곧 성인, 군자, 상지로 삼았다. 하늘의 뜻은 인(仁), 의(義), 예(禮), 지(知)를 지키는 것을 의미했다.

하늘의 뜻을 거역하는 것은 곧 인간의 개인적인 욕망이었다. 신분제도를 어지럽히는 것, 먹는 것이나 입는 것을 탐하는 것은 곧 천리를 어기는 것이었다.

퇴계 이황은 천리를 따르는 것은 의로운 것이며 곧 선이고, 개인적인 욕망이나 욕심을 추구하는 것을 악이라고 규정했다. 그는 '개인적인 것은 마음의 좀이며 도적이고 모든 악의 근본이다.'라고 주장하며 모든 '개인적인 것'을 부정했다. 선은 국가 그리고 가문과 가족을 위한 것이며 개인적인 이익을 추구하는 것은 악이라는 것이다.

유교는 철저히 '개인'을 부정한다. 개인적인 욕망, 개인적인 생각, 개인적인 행동, 개인적인 이익, 개인적인 즐거움을 추구하는 것은 '악'이며 범죄로 취급했다.

유교에서 선은 '국가', '가문', '가족', '공동체'를 위한 것이다. 유교 윤리의 가장 기본은 가족 윤리였다. 《삼강행실도》 중 〈효자도〉와 〈열녀도〉는 가족 윤리에 관한 것이다. 즉 자식이 부모를 얼마나 잘 공경하는가, 아내가 남편을 얼마

6-3_ 유교의 이름은 여러 가지다. 시조인 공자의 이름을 따서 공자교라고 하기도 한다. 유교가 시대를 거치면서 새로운 이름으로 확대재생산된다. 성리학, 주자학, 도학, 이학, 정주학, 양명학 등 유교 이론을 발전시킨 사람에 따라 이름이 다양해졌다.

나 잘 따르는가, 신하가 왕에게 얼마나 충성하는가가 올바른 삶의 기준이 되었다.

📦 세계에서 지켜야 할 규범과 규칙이 가장 많은 나라, 조선

유교는 몸으로 시작된다. 유교가 지배했던 조선시대의 모든 사람들은 몸을 함부로 다룰 수 없었다. 내 몸도 나의 것이 아니다. 내 몸은 나를 낳아 주신 부모의 것이다. 그러므로 몸을 함부로 하거나 더럽게 하는 것은 곧 불효(不孝)다. 모든 사람은 하루의 시작을 부모에게 문안 인사를 드리는 것으로 시작해야 한다. 하루의 끝도 부모에 대한 인사로 끝내야 한다. 이것은 왕도 예외는 아니었다. 조선은 효의 나라가 되었다.

조선은 도덕과 윤리의 나라가 되었다. 윤리(倫理)란 무엇인가. 윤리란 사람이라면 당연히 지켜야 할 도리를 말한다. 사람이 서로 어울려 함께 살아가기 위해 지켜야 할 생활규범들은 수없이 많다. 조선은 사람들이 지켜야 할 것이 가장 많은 나라가 되었다. 유교의 나라는 곧 규범의 나라다. 그래서 조선은 세계에서 가장 규범이 많은 나라, 지켜야 할 것이 가장 많은 나라가 되었다.

조선시대의 모든 사람들에게는 지켜야 할 것이 있었다. 왕, 신하, 양반, 농민 등 신분과 계급, 계층에 따라 해야 할 역할과 행동, 입어야 할 옷과 써야 할 말이 정해져 있었다.

84

또한 나이에 따라, 남녀의 성별에 따라, 계절에
따라 해야 할 일과 행동이 정해져 있었던 것이
다. 이를 지키지 않으면 짐승과 다를 바 없고 이
를 잘 지키면 군자가 된다는 것이다. 만약 이러
한 규범을 어기면 당연히 처벌을 받았다.

가장 기본이 되는 규범은 '관혼상제(冠婚喪
祭)'다. 어른이 된다는 뜻으로 머리에 상투를
트는 것, 즉 성인식이 곧 관례(冠禮)다. 대략
15세 전후에 성인식을 치르면, 남자는 머리
에 상투를 틀고 여자는 머리에 쪽을 지어 올리
고 비녀를 꼽는다. 어릴 적 이름 대신 새로운 이름을
갖는다. 혼례(婚禮)는 결혼식이다. 결혼식의 절차를 구체적
으로 정해 놓았다. 상례(喪禮)는 장례식의 절차다. 제례(祭禮)
는 제사를 지내는 것에 대한 규범이다. 특히 부모의 장례식
과 제사는 더욱 중요했다. 왜냐하면 나는 부모 때문에 존재
하기 때문이다.

농사 방법이 고려왕조를 망하게 하다

고려왕조가 흔들리던 고려 말, 전국적으로 농민들이 반란
을 일으켰다. 창성, 성천, 철산의 민란(서북 지방: 1172년),
조위총의 반란(1174년), 명학소민의 반란(1176년), 예산, 익
산, 여주, 가야산, 옥천, 서산, 남원, 진주, 안동, 경주, 합천,
김해, 제주의 민란, 김사미와 효심의 반란(1193년), 만적의
반란(1198년), 진주 공사노비의 반란(1200년), 밀양 관노들

의 반란(1202년) 등 수십 차례의 민란이 전국적으로 일어난
다. 왜 이렇게 농민과 노비들의 반란이 전국적으로 일시에
터졌던 것일까?

　고려 말에 들어서면서 한반도는 변화하고 있었다. 결정적
인 변화는 바로 농업 생산, 즉 땅에서 이루어졌다. 고려 말
때까지 한반도의 농업 생산은 조방농업이었다. 유럽식으로
말하자면 삼포제, 휴경농법으로 농사를 짓고 있었다. 한 해
농사를 지으면 다음 해는 땅의 힘이 떨어져 그 땅을 쉬게 해
주어야만 했다. 그래서 한곳의 토지에 계속해서 농사를 지
을 수 없으니 토지를 돌아가면서 농사를 지어야 했던 것이
다. 쉬게 해 주어야 할 땅과 농사를 짓는 땅을 서로 돌려가
면서 농사를 지었다. 때문에 아주 넓은 땅을 가지고 있어야
만 농사를 지을 수 있었다. 이것이 대농장, 대토지 소유다.
　이러한 대토지는 왕족, 호족, 귀족, 관료들만이 소유할 수
있었다. 그리고 일반 백성인 농민들은 호족들의 지배 하에
서 도망가지도 못하고 농사를 짓고 살았던 것이다. 이러한
휴경농법, 대토지농법에서는 개인적으로 조그마한 땅을 가
지고 농사를 짓는 것이 불가능했다. 즉 개인농이나 소농은
농사로서 생계를 유지할 수 없었던 것이다. 이것은 땅의 힘
을 키울 수 있는 방법을 알지 못했기 때문이었다.

　거대한 토지를 소유한 호족과 귀족들의 지배 하에서 소작
농, 또는 농노로서 생계를 유지했던 일반 농민들에게 가장
결정적으로 불리하게 작용했던 것은 개인적 농업이 불가능

했다는 것이다. 대부분이 농민이었던 백성들은 호족과 귀족
의 땅을 떠날 수 없었다. 따라서 고려왕조는 호족과 귀족들
만 잘 관리하면 국가가 유지되는 사회였던 것이다. 일반 백
성들의 불만은 중요하지 않았다.

드디어 농업 생산 방법에 변화가 시작되었다. 새로운 농
사법을 발견한 것이다. 토지의 힘을 키울 수 있는 방법을 찾
아냈다. 땅에 비료를 주어 매년 농사를 지어도 땅의 힘을 유
지할 수 있게 된 것이다. 땅에 영양분을 공급해 주는 것, 이
것을 시비(施肥)법이라 한다. 시비법을 발견하자 농사에 획
기적인 변화가 생겼다. 노는 땅이 없어지고 모든 땅에 농사
를 지을 수 있게 된 것이다. 노는 땅이 없어지자 농업 생산
물이 두세 배로 늘어났다.

고려의 농민들과 백성들은 기뻐했다. 그러나 그 기쁨은
곧 슬픔과 분노로 변했다. 두세 배로 늘어난 쌀과 곡식들은
농사를 지은 농민과 노비들에게 돌아오지 않았다. 고려의
호족과 귀족들, 지방 관료들이 늘어난 수확물을 모두 챙겼
다. 호족들의 창고에만 가득 쌓일 뿐이었다. 모두가 가난할
땐 서로 돕고자 한다. 그러나 소수의 사람들의 창고에는 먹
을 것이 가득한데 자기 자식은 굶고 있을 때, 더구나 그 창
고에 있는 곡식이 자신들이 땀 흘려 생산한 곡식이라면 그
곡식을 가져다가 굶어 죽고 있는 자식들을 먹여 살리고자
하는 것을 어찌 범죄라 할 것인가. 전국에서 일어난 농민들
과 노비들의 반란은 생존권 투쟁이었다.

고려 말의 전국적인 민란은 고려왕조를 무너지게 만들었다. 희망이 없어진 고려왕조를 지켜보고 있던 이성계를 중심으로 한 신흥 지주 세력들이 새로운 왕조를 세우기 위해 나선 것이다. 그런데 변한 것은 왕조만이 아니었다. 변화된 생산 구조와 농업 구조 속에서 일반 백성들의 의식, 생각, 삶의 방식도 같이 변하고 있었다. 농업이 사람들의 삶과 생각을 바꾼 것이다.

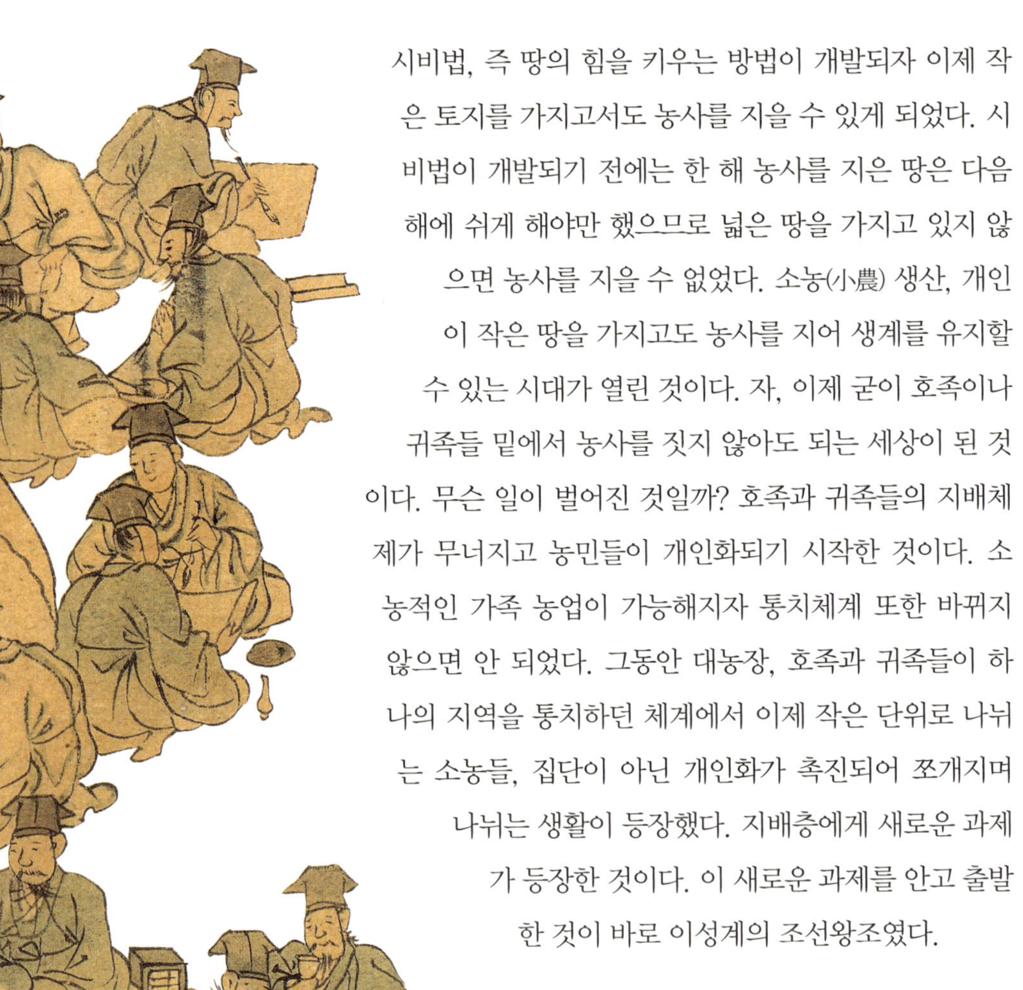

시비법, 즉 땅의 힘을 키우는 방법이 개발되자 이제 작은 토지를 가지고서도 농사를 지을 수 있게 되었다. 시비법이 개발되기 전에는 한 해 농사를 지은 땅은 다음 해에 쉬게 해야만 했으므로 넓은 땅을 가지고 있지 않으면 농사를 지을 수 없었다. 소농(小農) 생산, 개인이 작은 땅을 가지고도 농사를 지어 생계를 유지할 수 있는 시대가 열린 것이다. 자, 이제 굳이 호족이나 귀족들 밑에서 농사를 짓지 않아도 되는 세상이 된 것이다. 무슨 일이 벌어진 것일까? 호족과 귀족들의 지배체제가 무너지고 농민들이 개인화되기 시작한 것이다. 소농적인 가족 농업이 가능해지자 통치체계 또한 바뀌지 않으면 안 되었다. 그동안 대농장, 호족과 귀족들이 하나의 지역을 통치하던 체계에서 이제 작은 단위로 나뉘는 소농들, 집단이 아닌 개인화가 촉진되어 쪼개지며 나뉘는 생활이 등장했다. 지배층에게 새로운 과제가 등장한 것이다. 이 새로운 과제를 안고 출발한 것이 바로 이성계의 조선왕조였다.

계의 조선왕조였다.

유교의 슬로건, 개인적인 것을 금지하라

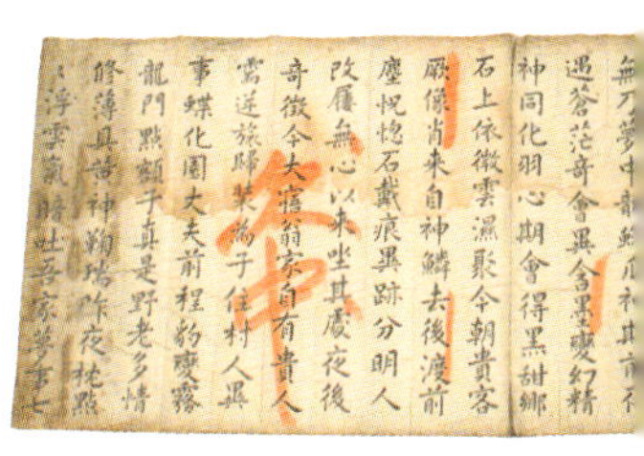

고려왕조의 통치 세력의 핵심은 호족과 귀족이었다. 왕들이 호족과 귀족을 잘 다스리면 일반 백성들은 당연히 따라오는 것이었다. 그러나 조선왕조는 새로운 백성을 만났다. 한반도의 백성들의 삶의 형태나 의식이 변화한 것이다. 이제 조선왕조는 가족 단위로 쪼개져 있는 소농들과 개인농들, 즉 백성 개개인을 통치해야만 하는 상황을 만난 것이다. 전국의 백성들을 어떻게 직접 통치할 것인가.

전국의 백성들을 통치하고 관리할 수 있는 조직을 세우는 것, 중앙집권적 관료제를 세우는 것이었다. 그래서 이성계는 왕에 오른 첫해에 과거시험을 실시한다. 공무원을 직접 뽑아서 관료로 배치하여 통치하고자 한 것이다. 이젠 귀족의 자식이라는 이유만으로 공무원이 될 수 없었다. 시험을 봐야 했던 것이다. 일본인 학자 미야지마 히로시의 연구에 의하면 조선왕조 500년 동안 총 1만 4,333명의 관료가 과거시험을 통해 뽑혔다. 이 중에서 별다른 가문이 없었던 사람도 451명이나 뽑혔다. 유명한 집안 자식이 아니라도 실력만 있으면 과거시험에 합격할 수 있었다는 뜻이다.

조선왕조가 백성들을 통치하기 위해 가장 중요하게 채택한 것은 바로 '유교'였다. 유교를 통해 개인의 행실, 개인의 행위규범, 개인들이 어떻게 행동해야만 하는가를 구체적으로 정한 것이다. 유교의 규칙을 어기는 것은 사람이 아니라 짐승이며, 범죄를 저지르는 것과 같았다. 이제 조선은 세계에서 가장 많은 규칙과 규범을 가진 나라가 되었다. 조선의 백성들은 사람 된 도리를 다하기 위해서 하루하루 유교생활 규범을 실천하면서 살아야 했다.

유교의 가장 절묘한 점은 모든 사람에게 행동과 실천에 대해 스스로 감독하게 한다는 것이다. 다른 사람이 지켜보지 않아도 스스로 자신의 행위를 감시하고 조심하게 된다는 것이다. 양반은 혼자 있을 때도 옷을 벗지 않고 자세를 바르게 하며 앉아 있어야 한다. 이것이 양반의 도리였다. 혼자 걸을 때도 결코 뛰지 않고 느리게 걸어야 한다.

유교의 힘은 바로 스스로의 행동을 감시하고 감독하게 한다는 데 있다. 전국에 살고 있는 백성들 개개인의 행동을 전체적으로 관리하고 감시하며 통치한다는 것은 거의 불가능하다. 하지만 유교의 생활규범과 윤리는 백성들 개개인의 행위를 스스로 감독하게 만든 것이다. 어떻게 이것이 가능했을까?

유교의 사회 윤리: 충(忠), 효(孝), 열(烈)

유교의 사회 윤리는 충, 효, 열로 압축된다. 충은 자기 자신과 국가, 임금, 주인에 대해 마음과 정성을 다하여 바친다는 뜻이다.

효는 자식이 부모에 대해 경애와 공경의 마음으로 행동하

90

는 것이다. 효사상은 삼강오륜으로 표현된다. 삼강은 군위
신강(君爲臣綱), 부위자강(父爲子綱), 부위부강(夫爲婦綱)이다.
임금과 신하, 어버이와 자식, 남편과 아내 사이에 지켜야 할
도리를 가르치는 것이다.

오륜은 부자유친(父子有親), 군신유의(君臣有義), 부부유별
(夫婦有別), 장유유서(長幼有序), 붕우유신(朋友有信)을 말한
다. 아버지와 아들, 임금과 신하, 남편과 아내, 어른과 아이,
친구 사이의 도리를 가르친다.

열은 어려움을 당하여 목숨을 걸고 정조를 지키는 것을
말한다. 훌륭한 어머니, 지혜로운 아내, 효성스런 딸, 절개
있는 아내를 열녀(烈女)라고 한다. 열은 여자가 지켜야 할 유
교의 윤리다.

■ 여성에 대한 규칙:
여자가 말이 많으면 내쫓아라

유교는 여성에 대해 엄격한 규칙을 내렸다. 칠거지악(七去
之惡)과 삼종지도(三從之道)가 핵심이다. 칠거지악은 아내를
내쫓을 수 있는 7가지 죄를 말한다. 남편의 부모(시부모)에
게 순종하지 않는 것, 자식을 낳지 못하는 것, 행실이 음탕
한 것, 질투가 심한 것, 나쁜 병이 있는 것, 말이 많은 것, 도
둑질 하는 것 등이다. 삼종지도는 집에서는 아버지의 뜻을
따르고, 시집을 가면 남편에게 순종하며, 남편이 죽으면 아
들의 뜻을 따라야 한다는 것이다. 유교사회에서 여자는 평

장옷 입은 여인

어느 시대건 여성들의 모습은 시대를 읽
는 척도가 된다. 여성들이 언제 화장을
하는가. 기생들만이 아니라 모든 여성들
이 아름답게 화장을 할 수 있는 시대는
평화롭다. 그리고 여유가 있는 시대다. 여
성들이 자유롭게 거리를 다닐 수 있는 사
회는 안전한 사회다. 여성들이 자유롭게
발언할 수 있는 사회는 민주적 사회다.
그러나 조선시대 여성들은 얼굴을 가리고
다녀야만 했다. 조선시대에는 단 한 명의
여왕도 없었고, 단 한 명의 여성장관도
없었다. 유교는 남성 독점의 사상이었다.

생 아버지와 남편 그리고 아들에 대해 복종해야 한다.

조선시대 여성들은 절에 가는 것이 금지됐다. 세종 때에는
여성이 절에 가면 처벌을 받았다. 여성은 가마를 탈 때에도
모습이 보이지 않도록 지붕이 있는 가마를 타도록 했다. 사
방이 트인 가마를 타면 노비들과 몸이 닿을 위험이 있다는
이유였다. 그리고 바깥출입 때에도 얼굴을 가리도록 했다.

내외법이라 하여 남녀 간의 자유로운 접촉을 금지했다.

여자는 가까운 친척 이외의 남자와는 만남이 금지되었다. 양반의 여성들은 부모, 친형제자매, 아버지의 친형제들, 외삼촌과 이모를 제외하고는 접촉할 수 없으며 어기면 처벌을 받았다. 여성은 3촌까지의 친척 외에는 마음대로 방문할 수도 없었다.

유교가 지배하는 사회

유교는 조선의 사회를 변화시킨다. 도시와 집, 학교와 제도도 유교적으로 바꿔 버린다. 한양은 궁궐을 중심으로 도시가 형성되고, 지방 또한 관청을 중심으로 도시가 형성된다. 모든 것의 중심은 관료 조직이 속해 있는 관청으로 바뀐다. 개인이 사는 가옥의 구조도 바뀐다. 남자와 여자의 거처가 구분되고 안채와 사랑채 등이 생겨난다. 여인들은 집의 깊숙한 곳으로 거처를 옮긴다. 학교는 과거시험을 대비해서 서당, 향교, 4부학당이 생겨나고 곳곳에서 유교 경전을 읽는 소리가 끊임없이 들려왔다.

유교는 스스로의 몸가짐이나 모든 행실을 올바르게 하는 것을 최고의 덕목으로 요구했다. 그리고 자신의 모든 행실은 죽은 조상들이 지켜보고 있다고 교육시켰다. 유교는 가장 중요한 존경의 대상을 '부모'로 제시한다. 바로 조상인 것이다. 오늘의 내가 조상과 부모로부터 주어진 것이다. 조상은 죽어서도 살아서 자식을 보살펴 주고 있다.

유교에서 조상은 살아 있는 생활의 신이다. 자식들의 행

실을 감독하는 감독관인 것이다. 살아 있는 조상인 부모가 자신을 지켜보고 있는데 어찌 나쁜 행동이나 나쁜 마음을 품겠는가. 부모와 조상은 왕과 관료를 대신하여 자식들을 관리하는 조선의 관료였던 것이다.

불교가 희망으로 제시했던 것은 죽음 이후의 삶이다. 그러므로 신라와 고려의 불교는 현실의 삶을 긍정하지 않았다. 현실의 삶은 고통이며 죽음 이후의 삶을 준비하는 과정일 뿐이다. 현재의 삶을 자신의 업보로 사는 것이므로 아무리 고통스러울지라도 참아야 하며 내세의 삶을 바라보며 살아야 한다. 그러나 유교는 현실의 삶을 긍정한다. 현실의 삶이 중요하다. 조상과 부모가 물려준 삶을 소중하게 살아야 한다. 그래서 유교에서는 부모에게서 받은 머리카락 하나라도 소홀히 하는 것은 불효다.

유교가 가장 중요하게 생각하는 '효'는 부모와 자식 간의 관계에서 지켜야 할 윤리규범이지만, 효가 적용되는 것은 훨씬 광범위하다. 우선 '효'의 이념은 조상에 대한 존경심을 당연하게 여기고 옛것과 전통을 숭배하게 만든다. 가족의 대장은 할아버지다. 할아버지의 명령은 누구도 어길 수 없다. 과거의 모든 것은 존경의 대상이며 지켜야 할 정신이다. 유교는 청년의 정신, 변화의 정신보다는 옛것, 과거의 것, 조상들의 것, 조상의 말씀을 가장 중요한 가치로 떠받들게 한다.

과거 중심 사상은 왕과 권력 체제에도 중요한 힘이 된다. 왕은 선출되지 않는다. 왕의 자식이 또 왕이 된다. 조상 숭배 사상은 왕이 될 수 있는 자격을 보장해 주고 권력의 정통성을 인정해 준다. 왕의 권력 세습은 절대적으로 지켜져야 할 것이다. 모든 신분, 계급도 지켜져야 한다. 왜냐하면 왕과 양반 등 지배 계급의 계급 또한 조상으로부터 물려받은 것이기 때문이다. 이로써 '효'와 '충'은 교묘히 그리고 절묘하게 결합된다.

조선의 유교는 이렇듯 과거 지향적, 형식적, 개인적 생활 규범, 가문과 조상 중심의 세계관을 백성들에게 가르치며 이것을 지키지 않으면 짐승과 다를 바 없다는 이념을 제시한 것이다. 유교는 인간의 삶의 모든 과정에 형식과 절차를 정해 놓았다. 제사의 순서, 결혼의 순서, 장례식의 순서, 일 년에 진행되는 모든 행사와 일들의 순서와 규칙을 정해 놓

았다. 이것만 잘 지키면 잘 살게 되는 것이다. 국가 공무원
의 숫자가 적었지만, 하나의 성씨로서 세계에서 가장 오래
통치했던 이씨왕조는 바로 유교의 통치술로 500년을 지배
할 수 있었다.

07_ 세종의 시대적 과제는 무엇이었을까?

한반도인의 생활 리듬을 찾는 길

조선의 달력, 칠정산이 만들어지자 조선사회는 어떻게 변화했을까? 조선의 계절에 알맞은 농사가 진행되어 수확량이 늘어났다. 또한 조선의 달력, 조선의 시계가 만들어져 이제까지 중국의 시간에 맞추어져 있던 생활 문화가 조선의 생활 리듬으로 점차 변화했다.

가장 바빴던 왕, 세종

세종(世宗)의 원래 이름은 이도(李祹)다. 세종이란 이름은 세종이 죽은 다음에 정해졌다. 세종장헌영문예무인성명효대왕(世宗莊憲英文睿武仁聖明孝大王)이라 붙인 것 중 앞에 두 글자를 따서 '세종' 으로 부른다. 세종은 살아 있는 동안에 한 번도 '세종' 이라는 말을 들어 보지 못했다. 아마 자기가 죽어서 '세종' 이라고 불리게 되리라고는 꿈에도 생각지 못했을 것이다. 임금을 어떻게 불렀을까? 수많은 신하들은 임금의 이름을 부르지 못하고 다만 '전하' 라고만 불렀다. 이름이 있어도 자신의 이름으로 불리지 못하는 사람이 바로 임금이다.

세종은 업적을 많이 남긴 왕이다. 그래서 조선의 왕들 중에 후세에 가장 많은 존경을 받는 왕이 되었다. 세종은 당시 조선에 있는 모든 책을 읽었을 정도로 공부벌레였다고 한

-세종이 농업 생산력을 높이기 위해 실시한 정책은 무엇일까?
-달력, 시계는 사회에서 어떤 역할을 할까?
-시계는 인간의 삶에 어떤 영향을 행사할까?
-세종의 시대적 과제는 무엇이었을까?

다. 하도 책을 많이 읽어서 나중에는 눈이 나빠져 책을 읽지 못할 정도가 되었다고 전해진다. 사실인지 확실하지 않지만 하여간 세종은 공부를 굉장히 많이 한 왕인 것은 분명하다.

다른 왕들은 전쟁으로 유명한데 세종은 여러 가지 새로운 것을 만든 왕으로 유명하다. 세종이 왕으로 있을 때 만들었던 것은 한글, 칠성산(달력), 농사직설, 측우기와 앙부일구, 혼천의 등이며 그 밖에도 많이 있다. 이렇게 많은 것들이 새롭게 발명되고 만들어진 것을 보면 세종 때는 할 일이 많았던 시대였음을 알 수 있다.

1420년(24세, 세종 2년) 집현전 설치

1421년(25세, 세종 3년) 주자를 만들어 인쇄술을 개량

1423년(27세, 세종 5년) 조선통보 화폐제를 창설

1430년(34세, 세종 12년) 《농사직설》 편찬

1430년(34세, 세종 12년) 《아악보》 편찬

1431년(35세, 세종 13년) 《태종실록》 편찬

1431년(35세, 세종 13년) 《향약집성방》 편찬, 광화문을 건립

1432년(36세, 세종 14년) 《팔도지리지》 편찬

1432년(36세, 세종 14년) 《삼강행실도》 편찬

1433년(37세, 세종 15년) 혼천의(천체 측정기) 제작

1434년(38세, 세종 16년) 동활자 갑인자와 물시계 사용

1434년(38세, 세종 16년) 앙부일구(해시계) 제작

1435년(39세, 세종 17년) 경복궁 안에 주자소를 설치

1437년(41세, 세종 19년) 일성정시의(주야측우기) 제작

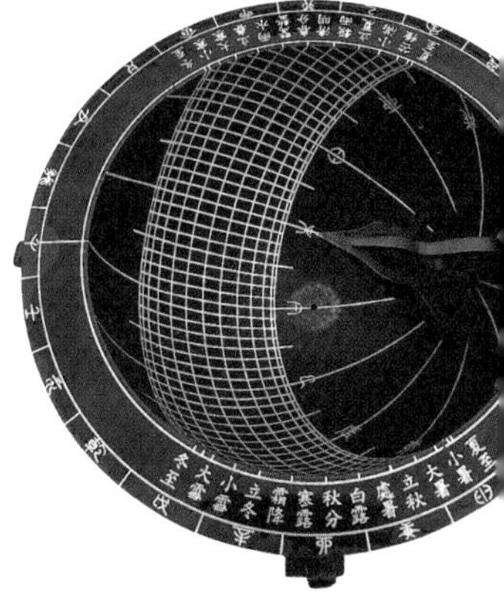

1441년(45세, 세종 23년) 측우기 제작

1442년(46세, 세종 24년) 《고려사》 편찬

1443년(47세, 세종 25년) 전제를 정하는 관서(전제 상정소) 설치

1443년(47세, 세종 25년) 훈민정음(한글)을 창제하고 언문청을 설치

1445년(49세, 세종 27년) 《용비어천가》 편찬

1446년(50세, 세종 28년) 훈민정음(한글) 반포

1447년(51세, 세종 29년) 《석보상절》, 《월인천강지곡》 편찬

1447년(51세, 세종 29년) 숭례문(남대문) 개축

1447년(51세, 세종 29년) 동국정운 편찬

1449년(53세, 세종 31년) 《석보상절》, 《월인천강지곡》 간행

세종의 시대적 과제는 무엇이었을까?

왜 이렇게 많은 것들이 세종 때 만들어졌을까? 세종은 1418년에 조선의 제4대 임금이 된다. 1392년, 세종의 할아버지 이성계가 조선을 건국하고 나서 약 30년 동안 조선은 권력 투쟁으로 온통 휩싸이게 된다.

이성계와 그의 아들 이방원은 고려의 왕족들과 고려의 권력가였던 신하들을 모두 죽인다. 새롭게 자신들의 나라, 조선의 정권을 세우기 위하여 고려의 신하들에게 복종을 요구하고 승복하지 않는 인사들을 제거한 것이다. 유명한 고려의 신하 정몽주도 이방원이 자신들에게 충성하지 않는다고 해서 죽인다. 무자비한 숙청의 주인공인 태종 이방원이 바로 세종의 아버지다.

세종의 아버지 태종 이방원 때까지 조선은 권력 투쟁 중

이었다. 권력을 위협하는 반대파들, 여전히 고려왕조의 복권을 꿈꾸거나 그리워하는 신하들이 많은 때였다. 아직 조선왕조가 지배 권력으로서 자리 잡지 못한 불안정한 시기였다. 백성들 또한 오랫동안 고려의 문화와 사상 속에서 살아왔기 때문에 이성계와 이방원으로 이어지는 새로운 권력인 조선이라는 나라는 지극히 불안하고 신뢰할 수 없는 지배자들로 비쳐졌을 것이다.

이성계와 이방원은 폭력과 군사력으로 권력을 유지할 수밖에 없었다. 이때 세종이 임금이 된다. 백성들과 신하들에게 무엇인가를 보여 주어야만 했던 때, 이제 더 이상 폭력과 군사력만으로는 권력을 유지할 수 없는 때, 본격적으로 나라가 시작된 때, 백성들이 고려와는 다른 무엇인가를 기대하고 있는 때, 바로 이때 세종이 왕이 된 것이다. 세종은 과연 운이 좋은 왕일까, 아니면 왕다운 왕이 되기 위해서 너무나 고생을 많이 한 왕일까?

계속 폭력으로 신하들을 죽이면서 왕권을 유지할 수는 없다. 자신의 할아버지 태조 이성계와 아버지 이방원은 수많은 사람들을 죽이면서 권력을 세웠지만, 이제 왕위에 오른 세종은 평화적 방법으로 왕권을 확립해야 했다.

사상과 정책, 제도로써 통치자의 모습을 백성들에게 보여 주어야 했다. 고려왕조 말기에 전국의 백성들이 들불처럼 일어났던 민란의 요구들을 해결해 주어야 했다. 높아진 백

성들의 정치의식, 생활 향상의 욕구, 서서히 올라오기 시작
한 개인적 의식의 요구에 응답해 주어야 했다. 만약 그렇지
않으면 백성들은 고려왕조와 조선왕조의 차이를 느끼지 못
할 것이었다. 이 과제를 풀지 못한다면 조선왕조는 고려왕
조와 마찬가지로 위기를 맞이할 것이었다. 세종은 조선왕조
의 초기, 제4대 왕으로서 새로운 모습을 보여야 할 과제를
안고 왕이 되었다.

● 조선은 농업의 나라, 농업 생산력을 높일 방법은 무엇인가

조선은 농업의 나라였다. 모든 부가 땅에서 나왔다. 농사
가 잘되지 않으면 아무것도 제대로 돌아가지 않는 농업 국
가였다. 백성과 신하들에게 가장 중요한 것은 먹을 것을 해
결해 주는 것이다. 먹을 것이 부족하면 어떠한 권력도 유지
할 수 없다. 아무도 지지해 주지 않기 때문이다. 세금도 걷
을 수 없다.

농사가 잘 이루어지도록 하는 것이 국가를 안정시키고 왕
권을 강화하는 길이다. 농사가 잘되기 위해 갖추어져야 할
것이 무엇일까? 우선 농사를 지을 수 있는 건강하고 튼튼한
농사꾼, 즉 노동력이 있어야 한다. 그냥 건강하기만 한 것이
아니라 열심히 일하겠다는 근로 의욕에 불타는 사람들이어
야 한다. 게으르고 비실비실한 사람들은 도리어 먹을 것만
축내는 사람들이다.

　　농사가 잘되기 위한 첫 번째 조건은 몸과 마음이 건강한 노동력이 많아야 한다. 세종은 건강한 노동력을 많이 늘리기 위해서 무엇을 했을까? 즉 백성의 숫자를 늘려야 한다는 것이다. 인구증가 정책이다. 인구를 늘리는 방법은 무엇일까? 아이를 잘 낳게 하는 것이다. 아이를 잘 낳게 하려면 여성들이 건강해야 한다. 즉 산부인과(産婦人科) 의학을 발전시켜 여성들이 아이를 잘 낳고 키울 수 있게 해야 하고, 또 태어난 아이들이 잘 자랄 수 있게 소아과(小兒科) 의학도 발전시키고 보급해야 한다. 이렇게 해서 만들어진 의학서가 바로 《향약집성방》(鄕藥集成方)이다.

허준_
조선시대를 대표하는 의사다. 《동의보감》을 썼다. 의학의 역사는 인간관의 변화를 나타낸다. 고대사회에서 병에 걸리면 죄를 지었다고 여겼다. 하층민이나 천민들은 치료조차 받지 못했다. 병의 원인을 전생에 죄를 지었거나 악마, 사탄 때문이라고 여겼기 때문이다. 허준이 보여 준 인간관은 달랐다. 허준은 백성들의 병에도 관심을 가졌다. 조선시대에 와서야 질병의 원인들이 하나씩 밝혀지면서 백성들도 치료를 받기 시작했다. 예방의학도 생겨났다.

세종은 《향약집성방》, 《의방유취》와 같은 의학서를 편찬하여 보급하는 한편, 《태산요록》(胎産要錄) 등을 편찬하게 하여 부인과, 소아과와 관련한 의학을 발전시켜 인구증가 정책을 추진했다. 이렇게 해서 고려시대까지만 해도 어린아이들의 사망률이 높아 가구당 평균 자녀수가 3명을 넘지 못했는데, 세종 이후 그 이상으로 높아졌다고 한다.

농사에서 농업 생산력을 높이는 두 번째 조건은 무엇일까? 농사일을 할 수 있는 사람들만 많으면 생산력이 높아질까? 농사는 하늘이 도와야만 잘될 수 있는 산업이다. 기름진 땅이 있어야 하고, 때맞추어 하늘이 햇빛과 비를 내려 주어야만 농사를 지을 수 있다. 사람들은 사람들대로 하늘에 제사를 지내거나 하늘의 뜻을 읽기 위해 열심히 하늘을 관찰하고 노력해야 한다.

하늘의 움직임이 곧 사람의 삶을 결정했던 때다. 하늘의 뜻을 읽는 비결이 무엇일까? 천문학(天文學, astronomy)은 하늘의 뜻과 하늘의 명령을 읽는 학문[7-1]이다. 하늘이 우주라면 바로 우주학(宇宙學)에도 그 비결이 숨어 있을 것이다. 하늘의 뜻을 이어 받은 왕은 천문지리에도 밝아야 한다.

세종 때 혼천의(渾天儀), 천구의 등 여러 가지 천문 기구들이 만들어진다. 이러한 천문 기구들이 만들어진 이유는 무엇일까? 그것은 '조선의 하늘'을 읽겠다는 뜻이다. '하늘의 뜻'이란 무엇일까? 하늘은 언제 비를 내려 줄까? 하늘이 정해 준 계절의 명령은 무엇일까? 하늘은 언제, 어느 때 인간이 무엇을 하라고 명령할까? 하늘이 인간에게 명령하는 때는 언제일까? 그렇다. 하늘의 뜻을 읽는 것은 곧 시간과 때를 읽는 것이었다. 모든 것에는 때가 있다. 계절이란 바로 시간을 의미한다.

혼천의, 천구의 등 천문학의 연구를 위해 만들어진 천문기구들은 대부분 시계와 연결되어 있다. 앙부일구(솥을 받쳐 놓은 모양)가 대표적인 시계다. 현주일구와 천평일구는 휴대용 시계이고 정남일구는 시계바늘 끝이 항상 남쪽을 가리킨다고 해서 붙어진 이름이다. 세종 때 최고의 천문학자는 이순지(1406~1465년)로 알려져 있다. 세종 9년(1427년)에 문과에 급제해 관직에 오른 이순지는 세종의 명을 받아 당시까지 사용하던 중국의 천문학을 뛰어넘는 조선의 하늘에 맞는 천문학을 완성했다.

위도와 경도가 다른 중국의 역법은 조선과는 차이가 있을 수밖에 없다. 이를 밝혀내 이순지가 완성한 《칠정산내외편》은, 한반도의 지리적 위치에 맞춰 해, 달, 수성, 금성, 화성, 목성, 토성의 움직임을 밝혀낸 최초의 책이다. 또한 천문관계 문헌과 이론을 체계화하여 《제가역상집》을 펴냈으며, 일식과 월식의 계산법을 외우기 쉽게 산법가시(算法歌詩)를 짓고 사용법 등을 덧붙여 《교식추보법》을 편찬했다.

농업 생산력을 드높이는 결정적 힘: 조선의 달력, 칠정산

조선의 달력은 세종 때 만들어졌다. 조선시대의 달력은 어떤 역할을 했을까? 달력의 가장 중요한 역할은 어느 때 농사를 시작해야 하는지, 언제 씨를 뿌려야 하는지 등 농사일의 때를 알려 주는 것이다. 즉 달력은 하늘의 뜻을 적어 놓은 것이다.

그런데 조선은 칠정산이 만들어진 세종 이전까지는 중국의 달력을 사용했다. 중국의 달력은 당연히 중국의 하늘을 연구해서 만든 것이다. 중국의 위도와 경도가 조선의 위도와 경도가 다른데 과연 조선의 농사일에 맞는 것이었을까?

조선의 하늘과 계절에 맞는 달력은 농업 생산력을 발전시키는 데 결정적인 요소였다. 세종과 그의 학자들은 마침내 '칠정산(七政算)'이라는 조선의 달력을 만들었다.

칠정산은 한반도의 태양과 달의 모양, 변화, 위치 등을 연구하고 하늘의 별자리와 일출, 일몰, 일식과 월식, 혜성과 행성의 운행에 대해 관찰하여 체계화시킨 것이다. '칠정(七政)'은 해와 달, 화성, 수성, 목성, 금성과 토성의 다섯 행성을 의미한다. 이 칠정산으로 춘분, 대서, 입동, 소한과 같은 24절기가 만들어졌다. 태양이 움직이는 길인 황도(黃道)를 태양의 위치가 변하는 때에 맞춰 24번의 간격으로 나누어

24절기를 정한 것이다.

조선의 달력, 칠정산이 만들어지자 조선사회는 어떻게 변화했을까? 조선의 계절에 알맞은 농사가 진행되어 수확량이 늘어났다. 또한 조선의 달력, 조선의 시계가 만들어져 이제까지 중국의 시간에 맞추어져 있던 생활 문화가 조선의 생활 리듬으로 점차 변화했다. 사람들의 시간, 사람들의 리듬, 사람들의 행동을 지배하고 통제하기 위해서 반드시 시간의 통일, 리듬의 통일이 필요하다. 세종은 칠정산을 통해 달력과 시간을 통제하고 지배할 수 있게 되었다.

● 칠정산: 시계와 달력이 삶에 미치는 영향은 무엇인가

'고요한 새벽 산사에서 울리는 종소리, 아침마다 울어대는 닭의 부르짖음, 숨쉬기와 맥박, 철학자 칸트가 산보하는 때, 나무들의 나이테, 하늘에 떠 있는 태양의 그림자, 점점 커지고 작아지는 달, 밤에 빛나는 별, 통장에서 빠져나가는 전화요금…….' 이들의 공통점은 무엇일까? 바로 '시계' 다.

시계가 될 수 있는 자격은 무엇일까? 규칙적이며, 반복적이고, 나누어질 수 있으며, 여러 사람에게 동일하게 인식되는 것이면 무엇이든지 시계가 될 수 있다.

시계는 시간에게 목소리를 준 것이다. 시계는 시간에게 옷을 입혀 눈으로 볼 수 있게 해 준다. 시간을 귀와 눈으로

볼 수 있게 한 것이 바로 시계다. 왜 모든 도시의 시청 건물
이나 철도역에 시계탑이 설치되어 있을까? 왜 역사상 모든
독재자들은 시계를 만들고 설치하도록 했을까?

모든 사람들에게 동일하게 적용되는 시간은 사람들을 동
일한 시스템, 구조와 리듬 속에서 살아가게 한다. 아침부터
저녁까지 스스로, 자동적으로, 누군가 알려 주지 않더라도,
통제하지 않아도 스스로 움직이고, 동일하게 행동하도록 하
는 것이 바로 시계다. 모든 학생이 스스로 알아서 학교에 간
다. 사람들은 시계에 맞추어 출근을 하거나 모든 행동을 한
다. 때로는 시계에 맞추어 생각도 한다. 이런 점에서 시계는

108

독재자다. 독재자의 가장 중요한 일은 시간과 시계를 지배하는 것이다.

시계는 사람들을 열심히 살게 한다. 아침에 일어나면 그날 해야 할 일이 무엇인지 목록을 만들고 각각의 항목에 시간을 배치한다. 시계는 사람들을 부지런하게 만들고 시간을 낭비하는 것을 범죄로 만든다. 그런 점에서 시계는 우리들의 삶을 감독하는 감시자다.

시계는 추상적이며 비물질적인 시간을 객관적인 것으로 만들었다. 그리하여 미래의 시간을 측정하도록 했다. 드디어 미래가 눈에 보이기 시작한 것이다. 미래가 계측 가능한 세계로 출현한 것이다.

규칙적이고 연속적이며 반복적인 것들은 예측이 가능하며 조절과 통제가 가능하며 미래를 보장한다. 시계는 과거와 현재, 미래를 사유할 수 있는 능력을 갖게 한다. 시계는 아직 오지 않은 미래를 계산 가능한 영토로 만들어 준다.

태양, 달, 계절, 바람, 파도, 호흡, 맥박 그리고 심장의 운동과 신체 리듬 등은 규칙적이며 연속적이고 반복적인 것들이다. 대부분의 자연은 동그라미처럼 순환하며 반복된다. 그러므로 대부분의 자연은 시간을 담고 있으며 시계가 된다.

시계는 하루라는 시공간을 24개의 요소로 나누어 놓았

다. 왜 나누었을까? 인간의 이성적 사고는 이 세계를 나누어야만 가능하다. 불규칙하고 우연적이며 불연속적인 것들을 제거하고, 규칙적이고 연속적이며 반복적인 것들을 찾아내거나 만들어야만 이성적 논리적 합리적 사고가 가능하다. 이것이 나눗셈을 배우는 이유다.

대부분의 집에는 여러 개의 시계가 있다. 대부분의 사람들은 손목에 시계를 차고 다닌다. 요즘에는 휴대전화가 시계다. 사람들의 삶의 행동과 사고는 이미 시계에 맞추어져 있다. 때로 시계는 자유로운 사고와 풍부한 상상력을 방해한다.

● 농사법을 보급하라

농업 국가의 군주로서 세종이 취한 정책은 중농정책(重農政策)이었다. 농사법과 농업 기술을 보급하고 교육하여 농업 생산력을 높이는 것이야말로, 왕권을 안정적으로 유지하여 많은 세금을 거둬들일 수 있으며 백성들의 삶을 안정시키는 길이었다.

《농사직설(農事直說)》은 농민들의 농사 경험과 지식, 농사 비결을 모아서 체계적으로 정리한 책이다. 올벼, 늦벼, 밭벼 등의 재배법과 씨앗 저장법, 토질 개량법, 모판 만드는 법, 모내기 법, 거름 주는 법 등을 알려 주고, 벼 27종, 콩 20종, 조 15종, 피 5종, 수수 3종, 보리 6종의 농사 방법이 수록되어 있다. 세종은 《농사직설》이 완성된 1437년, 궁궐 후

110

원에 시험용 논밭을 직접 만들고 농사도 지었다고 한다.

세종의 농업 정책은 전라도와 경상도 등 한반도 남쪽에서 발달한 농업 기술을 전국적으로 보급하여 황해도 등 북쪽 지역에서도 농업 생산력을 높이기 위한 것이다. 또한 농업 노동력을 높이기 위해 의술을 연구하여 보급하는 것과 농업 생산물에 대한 세금을 적절히 매겨 농민들의 불만을 줄이는 것 등도 정책의 주요 목표였다.

● 측우기[7-2]는 세금을 걷기 위한 도구였다

조선의 백성들은 대부분 농사를 지으며 살았다. 그럼에도 불구하고 조선의 백성들은 항상 가난했다. 왜 그랬을까? 농사를 지어 가장 먼저 낸 것은 세금이었다. 땅의 주인들과 국가에게 세금을 내야 했다. 곡식을 세금으로 낼 뿐만 아니라 군역(軍役)이라 하여 일정 기간 동안 군대에서 병사로서의 역할도 수행해야 했다. 또 왕궁을 새로 짓거나 관가의 건물을 고쳐야 할 때 일꾼으로 동원되기도 했다.

세종은 세금제도를 개편하기 위한 정책을 추진했다. 세금은 땅의 등급에 따라 다르게 매겨졌다. 농사가 잘되는 땅에는 높은 세금을, 농사가 잘되지 않는 땅에는 낮은 세금을 매겼다.

농사에 좋은 땅이란 어떤 땅일까? 비가 제때에 내리고 물이 잘 공급되는 땅이 좋은 땅이다. 햇볕이 잘 들고 영양분이 많은 땅이 높은 등급을 받았다. 이 같은 기준으로 모든 조선

7-2_ 세종 24년인 1442년에 만들어진 측우기는 세계 최초의 기상관측 도구라는 기록을 가지고 있다. 갈릴레오가 온도계를 발명한 것이 1592년이었다. 조선의 정조가 1770년에 다시 측우기를 만든 이후로 계속 강수량을 측정해 왔다. 서울의 강수량 관측 기록은 세계에서 가장 오래 되었다.

땅에는 등급이 매겨졌다.

고려시대의 토지는 3등급으로 나누어져 있었다. 그런데 시간이 지남에 따라 땅의 등급이 바뀌었다. 옛날에는 농사가 잘되다가 나중에는 잘되지 않는 땅이 생겼다. 농사법이 발달되어 땅의 등급이 바뀌는 일이 생겼던 것이다. 새로운 나라를 표방한 조선에서 새로운 세금제도를 시행하는 것은 세종의 시대적 과제였다.

세종은 왕이 된 지 12년째 되던 해부터 세금제도를 연구하기 시작했다. 그는 세금제도를 바꾸기 위해 전국적인 여론조사를 두 차례에 걸쳐 실시했다. 또한 세종 19년에 경복궁에 농사지을 땅을 마련하여 시험 재배를 진행했다. 왕궁의 후원에 농서(農書)에 적힌 대로 시험 경작을 해 본 것이다.

고려시대 때는 땅을 3등급으로 나누었던 것을 5등급으로 나누어 토지의 등급을 보다 세분화했다. 토지의 등급을 매길 기준과 근거는 무엇인가. 또한 매년 수확량을 정확히 파악할 수 있는 방법은 무엇인가. 이러한 고민 끝에 만들어진 것이 측우기(測雨器)다.

농사에 결정적인 역할을 하는 것은 물이다. 조선의 왕들은 가뭄 때문에 시달렸다. 비가 오지 않아 농사를 짓지 못하면 무거운 책임이 바로 왕에게 돌아갔다. 비가 오는 것은 곧 하늘의 뜻이라고 믿었기 때문이다. 가뭄이 들면 왕들은 기우제(祈雨祭)를 지내고 하늘만 쳐다보았다. 농사의 잘되고 못되는 것은 곧 비가 얼마만큼 적당히 내려주느냐에 달려 있었다. 그러므로 비의 양을 정확히 재는 것은 세금을 매기는 가장 결정적인 기준이 될 수 있었다.

측우기는 매년 세금을 매기는 평가 기준을 제공하는 도구가 되었다. 세종 23년 4월에 세자⁷⁻³가 측우기를 만들자, 이듬해에 이를 전국 모든 고을에 설치하게 하여 비가 내린 시간과 함께 강우량을 측정하고 감사를 통해 중앙의 호조(戶

세종_
세종은 기억할 만한 왕이다. 세계의 언어학자들은 세종을 왕이라기보다는 언어의 역사에서 획기적인 업적을 세운 언어학자로 존경한다. 훈민정음을 창제했기 때문이다. 뿐만 아니라 백성들의 삶을 개선하고 변화시키는 데 기여한 여러 가지 과학기구를 만들게 했다. 백성들에게 절망을 안겨 준 수많은 왕들에 비해, 세종은 희망과 변화의 가능성을 열어 주었다.

曹)에 보고하게 했다. 그리고 세종 26년에는 연분 9등제를 도입한 전세제도를 확정 발표했다.

세종은 토지의 등급을 다시 매겼다. 측우기를 이용하여 비의 양을 측정함으로써 농사의 수확량에 따라 세금을 매겨, 세금 때문에 발생하는 백성들의 불만을 줄이고자 했다. 이처럼 세종 때 만들어진 대부분의 과학적인 도구들은 농업 생산력을 높이는 것에 사용된 동시에 세금제도 개편 등 국가정책을 추진하는 데 이용되었다.

08_ 오직 **한 명**이 모든 것을 **독점**하던 시대, **조선의 왕**

여왕이 없는 나라, 조선

왕은 왜 필요했을까? 왕은 꼭 존재해야만 했을까? 어떻게 수많은 사람들이 단 한 사람을 숭배하며 살아가는 것이 가능했을까? 왕의 절대 권력, 살인 면허를 가진 왕의 존재를 사람들에게 어떻게 설명했을까? 그리고 사람들은 왕에 대해 어떤 믿음과 사상을 가졌던 것일까?

각주(脚註)_ 김남주

헤겔은 어딘가에서
이런 말을 한 적이 있다

동방에서는 한 사람만이 자유로웠는데 지금도 그렇다
그리스 로마에서는 몇 사람이 자유로웠다
게르만 세계에서는 모든 사람이 자유롭다

마르크스는 어딘가에서
이런 말을 한 적이 있다

아시아적 봉건사회에서는 한 사람만이 자유로웠다
자본주의 사회에서는 몇 사람이 자유롭다

- 조선은 27명의 왕이 있었다. 이들의 공통점은 무엇일까?
- 왕은 왜 꼭 한 명만 있어야 하는 것일까?
- 조선왕조에는 왜 여왕이 없을까?
- 왕이 될 수 있는 자격은 무엇일까?
- 왕이 꼭 지켜야 할 규칙은 무엇일까?

사회주의 사회에서는 만인이 자유로울 것이다

그러나 헤겔도 마르크스도
다음과 같이 각주脚註 붙이는 것을 잊어버렸다

식민지 사회에서는
단 한 사람도 자유롭지 못하다고.

왕이 될 자격은 무엇일까?

역사책에는 왕[8-1]들이 가득하다. 고조선, 고구려, 신라, 백제, 고려, 조선 등 모두 왕들의 나라다. 오직 왕 혼자만이 주인인 나라, 모든 땅이 왕의 것인 나라, 모든 사람들이 왕을 위해 일하고 왕을 위해 죽었던 시대였다.

조선의 기본 법전이었던 《경국대전》에는 왕의 권한에 대해 아무런 규정도 없다. 왕의 권력은 법으로 정해져 있지 않았다. 왕은 법 밖에 있었던 것이다. 1899년에 제정된 한국 최초의 근대적 헌법인 '대한국국제'에 황제권에 대한 규정이 비로소 생긴다. '황제는 육해군의 통솔 및 편제권을 지니며, 법률의 제정과 집행 등 일체의 법률권을 가지며, 문무관의 임명과 파면 등 인사권을 갖는다.' 등의 내용을 담은 9조로 이루어져 있다. 대한제국의 마지막 왕이었던 고종과 순종 때의 일이다.

조선의 왕들은 그 누구든 죽일 수 있었다. 살인 권력을 가

8-1_ 왕은 여러 가지 이름으로 불려왔다. 거서간은 신라를 세운 박혁거세를 부르는 이름이었다. 차차웅은 무당을 뜻하는 말로 제사장을 뜻한다. 이사금은 '이빨이 많은 사람'이라는 뜻인데 신라의 유리와 석탈해가 왕권을 다툴 때 이빨이 많은 사람이 왕이 될 수 있었다. 여기서 '임금'이 나왔다. 마립간은 왕과 신하가 서 있는 자리 순서를 의미한다. '마루'는 우두머리, 으뜸가는 지배자라는 의미다. 이사금, 마립간, 거서간 등은 모두 흉노를 비롯한 북방 기마민족의 군장, 우두머리, 수령을 부르는 호칭이었다. 칭기즈칸에 붙은 카간, 또는 칸이라는 말과 같은 의미로 쓰였다.

졌던 것이다. 태종 이방원은 왕이 되기 위해 이복동생 둘을 죽였다. 세조는 조카 단종을 죽이고, 자신의 동생인 안평대군, 금성대군 등도 죽인다. 성종은 자신의 아들을 낳은 아내를 죽인다. 성종의 아들인 연산군은 왕이 되어 수많은 사람을 죽인다. 연산군을 내쫓고 왕이 된 중종은 조광조를 비롯한 무수히 많은 신하들을 죽인다. 숙종은 자신의 아내 장희빈을 죽인다. 영조는 아들을 죽인 방법이 독특하고 잔인하다. 쌀뒤주에 가두어 굶겨 죽인 것이다. 누구도 감히 왕의 얼굴을 똑바로 쳐다볼 수 없었다. 살인 면허를 가진 사람이 바로 왕이었다. 왕은 전형적이고 완벽한 독재자였다.

루이 14세
프랑스의 대표적인 왕. 1643년, 다섯 살 때 왕이 되었다. '짐이 곧 국가다.'라는 말로 유명하다. 스스로를 태양왕으로 불렀다. 자신은 지상에서 신의 대행자라면서 왕권신수설을 주장했다. 모든 왕들은 한결같이 신이 되기를 꿈꾼다. 왕들의 본능이다.

왕은 선출되지 않았다. 왕을 뽑기 위한 투표는 전혀 없었다. 왕은 오직 왕이 낳았다. 왕의 자식만이 왕이 될 수 있었다. 왕은 태어나면서부터 왕으로 결정되었다. 왕의 눈에는 모든 사람들이 자신 앞에서 머리를 숙이고, 자신을 위해서 일하고, 자신을 위해서 충성해야만 하는 사람들이었다. 왕이 세상에서 가장 똑똑하고 지혜로우며 현명한 사람이여야만 했다.

이성계가 위화도에서 군대를 이끌고 개경으로 진격해 군사 쿠데타로 권력을 잡는다. 군사 쿠데타가 성공한 것이다. 이성계는 스스로 왕이 되어 나라 이름을 조선이라고 짓고 명나라의 승인을 받는 데 성공했다. 그 후 이성계의 자식들이 조선의 왕위를 물려받았다. 이성계가 태종 이방원을 낳고, 이방원이 세종을 낳았다. 세종이 문종을 낳고 문종이 단종을 낳았다. 세종의 아들 세조가 예종을 낳고……. 이렇게 조선 왕조는 마지막 황제인 순종까지 27명의 왕들로 이어졌다.

과연 왕은 하늘의 뜻을 받은 사람인가

왕은 왜 필요했을까? 왕은 꼭 존재해야만 했을까? 어떻게 수많은 사람들이 단 한 사람을 숭배하며 살아가는 것이 가능했을까? 왕의 절대 권력, 살인 면허를 가진 왕의 존재를 사람들에게 어떻게 설명했을까? 그리고 사람들은 왕에 대해 어떤 믿음과 사상을 가졌던 것일까? 조선시대 왕의 존재와 왕의 권력을 설명한 논리는 조선의 국가사상이었던 유교였다. 유교에서는 왕을 신성한 존재라고 설명한다.

　조선시대의 지식인들, 백성들 그리고 중국의 유교 지식인들은 우주의 자연 질서를 지배하는 하늘(天)의 존재를 믿었다. 하늘은 곧 동양적 신(神)이다. 하늘에 의해서 우주의 모든 생명현상과 자연법칙, 세계의 질서가 전개된다는 믿음이다. 왕은 이 하늘의 뜻을 받은 신성한 존재라는 것이다. 오직 왕만이 하늘에 제사를 지낼 수 있었다. 왕만이 하늘과 통하기 때문이다.

　왕은 조상신 등 하늘의 신성한 존재들을 위해 정기적으로 국가제사를 지냈다. 이 제사에서 왕은 국가제사장, 대사제로서의 역할을 수행했다. 왕은 토지의 신, 곡식의 신, 바람과 비의 신, 구름과 천둥의 신 등 자연에서 신성시되는 모든 신들과 소통하는 통로였다. 왕은 하늘의 뜻을 받아 인간 사회의 무질서와 야만 상태를 다스리는 임무를 맡았던 것이다. 이를 왕의 '신성권' 이라 한다.

　이러한 믿음 때문에 조선의 왕들은 가뭄, 전염병, 흉년, 홍수 등 자연재해가 들면 책임져야만 했다. 왕이 잘못하여 하늘이 벌을 내린다고 여겨 하늘을 향해 제사를 지내고 잘못을 빌었다.

　조선시대의 왕은 하늘의 뜻을 이어받아 모든 백성과 토지를 소유하고 지배할 수 있는 세속적 권력을 가졌다. 세속 권력자로서 왕은 자신의 토지를 경작하는 백성들에게 세금을 거둘 수 있는 권한을 가졌고, 백성의 주인으로서 백성들의

생명권과 노동권을 소유했다.

　명나라 말기 중국의 대표적 유교 지식인이었던 황종희(黃宗羲)는 《명이대방록》(明夷待訪錄)에서 '왕은 이렇게 출현했다. 이 땅에 인류가 최초로 존재하기 시작했던 태초에 인간들은 각자가 자신의 이익만을 추구했다. 그러므로 천하에 이로운 일이라 하더라도 그 누구도 나서서 그 일을 추진하지 않았다. 또한 천하에 해로운 일이라 하더라도 그 누구도 나서서 그 일을 없애려 하지 않았다. 이때 어떤 사람이 이 땅에 나타났다. 그는 자기 개인의 이익만을 이익으로 여기지 않았다. 오히려 천하 전체의 이익을 위해서 노력했다. 또한 자기 개인의 손해를 손해로 여기지 않고 천하 전체가 그 해로움에서 벗어나도록 했다. 이 사람은 다른 사람에 비해 천하를 위해 천만 배의 노력을 기울였다. 이 사람이 바로 왕이 되었다.' 라고 적고 있다.

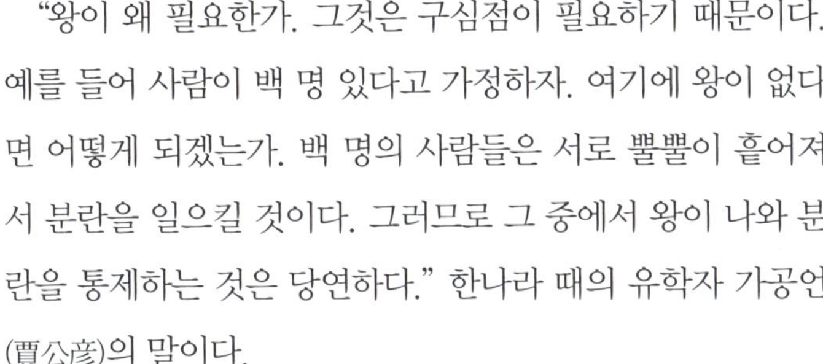

　"왕이 왜 필요한가. 그것은 구심점이 필요하기 때문이다. 예를 들어 사람이 백 명 있다고 가정하자. 여기에 왕이 없다면 어떻게 되겠는가. 백 명의 사람들은 서로 뿔뿔이 흩어져서 분란을 일으킬 것이다. 그러므로 그 중에서 왕이 나와 분란을 통제하는 것은 당연하다." 한나라 때의 유학자 가공언(賈公彦)의 말이다.

　유교사상은 왕이 존재해야 할 이유를 '질서' 에서 찾았다. 왕이 없으면 세상이 무질서해진다는 것이다. 그런데 실제의 왕은 어떠했는가. 왕은 세상의 모든 폭력을 대표했다. 모든 폭력을 모아 놓은 것이었다. 살인과 감옥, 유배 그리고 강제적인 군사동원, 강제적인 세금징수, 신분제도에 의한 통치 등 모든 폭력을 동원하여 지배했던 것이 왕의 권력이었다. 과연 왕이 있어서 질서가 유지되었던 것일까? 아니면 폭력에 의해 더욱 더 살벌한 사회가 되었던 것일까?

유교사상의 주장은 사람들이 태어날 때부터 야만인, 미개인으로 태어났다는 것이다. 이들은 왕이라는 절대적인 폭력으로 통치하지 않으면 서로 싸우고 죽이는 야만적인 사회가

왕의 무덤

왕의 무덤들. 왕의 자식이 왕이 된다. 신분 세습이다. 세습은 과거가 현재를 지배하는 것이다. 세습은 현재를 결정해 버린다. 세습은 미래를 사라지게 한다. 희망이 없는 것이다. 과거는 변화되지 않는다. 단지 아버지가 왕이었기 때문에 자식이 왕이 된다는 것이다. 아버지가 노비였기 때문에 자식은 당연히 노비가 되어야 한다는 것은 희망도 미래도 사라지게 한다. 오직 체념 그리고 숙명에 대한 복종만이 있을 뿐이다.

영릉

되므로 왕이 출현하여 평화롭고 질서 있게 통치해야 한다는 것이다. 과연 왕의 시대, 왕의 사회는 평화로웠던 것일까?

독재자로서의 왕

조선시대의 왕은 무소불위의 권력자로서 법을 마음대로 만들 수 있는 입법권, 모든 관료들에게 명령할 수 있는 행정권, 모든 사람에게 벌을 내릴 수 있는 사법권을 장악했다. 왕은 백성과 토지의 주인으로서 모든 사람에 대한 생사여탈권을 쥐고 있었던 것이다.

왕은 관료들을 임명하고 파면하며 그들에게 상과 벌을 내릴 수 있었다. 군대를 동원하거나 전쟁을 선포하는 권한도 왕의 것이었다. 왕의 명령은 수교(受敎)라 하여 성문법의 기초가 되었다. 왕의 명령을 모아서 정리하면 바로 법전이 되었던 것이다. 조선시대 최고 성문법인 《경국대전》도 왕의 명령인 수교를 여섯 가지로 분류하여 정리한 것이다. 왕은 최고 입법자인 동시에 최고 재판관이었다. 모든 범죄에 대한 최종 판결권은 왕이 가지고 있었다.

조선의 왕은 유교의 모범생이었다

왕이 아침에 일어나면 가장 먼저 하는 것은 무엇이었을까? 조선은 유교의 나라였다. 유교에서는 가장 중요한 것이 바로 효(孝)다. 조선의 왕은 효사상의 모범을 보여야 했다. 왕이 가장 먼저 해야 할 것은 바로 부모에게 아침 인사를 하는 것이었다. 또한 밤에 잠들기 전 부모에게 문안 인사를 해야 했다.

왕의 행동과 일정, 해야 할 일은 이미 정해져 있었다. 유교에 의해 말하고 옷 입는 것, 사람을 만나는 것 등 해야 할 일이 '왕의 규칙'으로 정해져 있었다. 그런 점에서 왕은 결코 자유로운 사람이 아니었다.

유교이념이나 교리를 벗어나거나 어기는 왕은 하늘의 뜻을 버렸다는 이유로 왕의 자리에서 쫓겨나기도 했다. 조선의 왕 중 연산군과 광해군이 그 예다.

유교는 관혼상제를 매우 중요시했다. 왕의 중요한 임무 중의 하나는 제사를 지내는 것이었다. 국가의 제사는 대사(大祀), 중사(中祀), 소사(小祀)로 구분되어 개최되었다. 대사는 종묘(영녕전)·사직제, 중사는 악해독(岳海瀆)·풍운뇌우(風雲雷雨) 등이었는데, 종묘제와 사직제는 왕이 직접 참여하여 거행하는 조선시대 최고의 국가 제례였으며, 이는 유교국가의 최고 지배자인 왕권을 상징하는 것이었다.

왕을 대신하는 것들

조선의 왕이 앉은 곳에는 항상 '일월오악도'라는 그림이 그려진 병풍이 세워졌다. 왕을 상징하는 그림이다. 해와 달 그리고 다섯 개의 산봉우리가 그려진 그림은 왕과 왕비를 상징하는 그림이다. 해는 왕이요, 달은 왕비였다.

일월오악도_ 왕이 등장하는 뒷면에는 늘 일월오악도의 그림이 그려진 병풍이 세워져 있다. 해와 달 그리고 중국의 서왕모가 살았다는 쿤룬산이 그려져 있다. 임금이 하늘의 뜻을 받아 삼라만상을 통치한다는 것을 나타낸 그림이다. 왕의 주변에 있는 모든 것들은 왕의 권위를 상징한다. 그것은 늘 하늘과 맞닿아 있다. 왕의 시대에 하늘은 위대하고 땅은 천박했다.

　왕의 옷은 모든 것이 상징이었다. 제사를 지낼 때 입는 옷, 신하를 만날 때 입는 옷, 잠잘 때 입는 옷 등 왕의 옷은 여러 가지로 정해져 있었다. 이 중에서 왕의 옷을 대표하는 것은 머리에 쓰는 모자인 '면류관'과 '구장복'이라는 옷이다. 면류관과 구장복은 왕의 즉위식이나 종묘의 제사 등 국가 최고의 행사를 할 때 왕이 입는 복장이었다. 즉 왕을 나타내는 상징이었던 것이다.

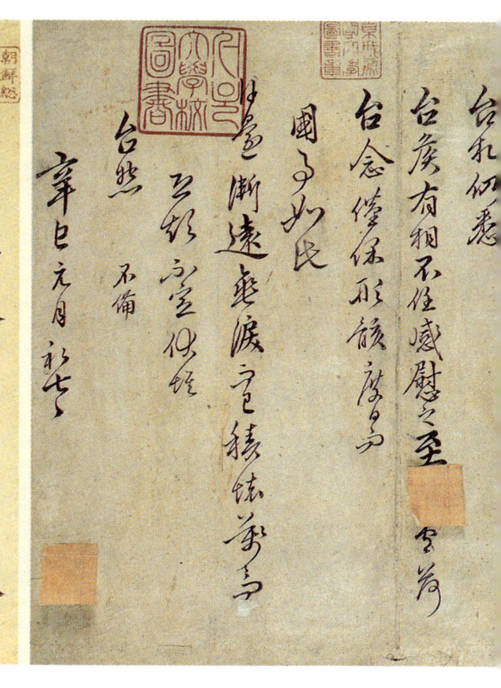

8-2_ 조선의 왕들은 새해 첫날 맨 먼저 망궐례를 했다. 중국 황제가 있는 방향으로 절을 했다. 조선의 왕은 중국 황제의 신하였다. 조선의 왕들은 모두 중국 황제의 임명장을 받았다. 중국 황제는 스스로를 천자라 칭하고 조선을 오랑캐 나라로 여겼다. 중국의 천자, 황제만이 오직 금색을 사용할 수 있었다. 조선 왕이 입어야 할 옷은 붉은색이었다.

면류관은 모자인데, 면류관에서 늘어뜨리는 류(旒), 즉 구슬을 꿰어 만든 줄의 숫자를 정해 놓았다. 천자는 12류, 황태자와 왕은 9류, 제후는 7류, 경대부는 5류 등이었다. 줄의 숫자로 서열을 매긴 것이다. 조선 왕[8-2]의 면류관은 9개의 줄이었다. 고종 때 황제에 오른 후 12류의 면류관을 썼다.

구장복(九章服)에는 왕을 상징하는 9가지 무늬가 새겨져 있었다. 상의에 5가지 문양과 하의에 4가지 문양이 새겨졌다. 왕의 아들인 세자는 7가지 문양이 새겨진 칠장복(七章服)을 입었다.

상의에 들어가는 다섯 가지 문양은 용(龍), 산(山), 화충(華

126

蟲: 꿩), 화(火: 불꽃 무늬), 종이(宗彝: 호랑이와 원숭이)다. 용은 신비한 상상의 동물로 조화의 능력, 자유자재로 변화하는 능력을 의미한다. 왕이 용처럼 변화무쌍한 마법사의 능력을 가지고 있다는 것이다.

하의에는 조(藻: 수초), 분미(粉米: 쌀), 보(黼: 도끼 무늬), 불(黻이 서로 등을 대고 있는 형태의 무늬)의 4가지 문양이 들어간다. 수초는 유연함과 화려함을 의미한다. 왕이 유연함과 화려함을 갖추었다고 주장하는 것이다. 쌀은 가장 귀중한 먹을 것이니 왕은 쌀처럼 백성을 살리는 존재라는 의미다. 도끼 무늬인 보(黼)는 왕이 모든 것을 처단하고 판결하는 능력과 권한을 가지고 있다는 것을 보여 준다. 불은 신성한 것이다. 모든 것을 변화시키고 생명을 상징하는 불은 곧 왕이라는 의미다. 세자는 이 중에서 용과 산의 무늬가 빠진 상의를 입는다.

왕의 나라, 오직 한 사람만이 존엄한 나라

왕이 쓰는 모자를 왕관이라 한다. 왕관은 오직 한 사람만이 쓸 수 있다. 왕이 앉은 자리를 옥좌(玉座)라고 한다. 이 의자에는 오직 왕 한 사람만이 앉을 수 있다. 다른 누군가가 앉는다면 그 사람은 곧 반역자이며 죽는다.

왕의 나라는 오직 한 사람만이 인간의 존엄을 지킬 수 있다. 왕을 제외한 모든 사람은 누군가에게 무조건 복종해야만 한다. 인간 대 인간으로서 대등할 수 없다. 왕의 나라에

서 2인자라고 하는 영의정도 왕에게는 머리를 숙여야 하고
왕과 맞짱을 뜰 수 없다. 결국 왕의 명령에 따라야 한다.

왕의 모든 것은 오직 왕 한 사람만을 위해 존재한다. 의
자, 모자, 옷, 숟가락, 젓가락, 신발, 집 등을 왕 혼자만 독점
하여 사용한다. 다른 사람과 공유할 수 없다. 함께 사용할
수 없는 것이다. 극단적인 독점이다. 왕의 시대는 권력의 독
점, 사상의 독점, 관계의 독점, 정치의 독점을 의미한다.

조선왕조시대의 모든 왕들은 권력의 독점을 꿈꿨다. 신하
들은 권력의 공유를 꿈꿨다. 왕과 신하들이 끊임없이 대립
하고 갈등한다. 이른바 왕권과 신권의 대립이다. 이 과정에
서 많은 신하들이 죽고, 때로 왕이 교체되기도 한다. 이 와
중에 백성들은 어떠했을까?

1인이 모든 것을 독점하던 시대에서 몇 명이 독점하는 시
대로, 마침내 대다수의 사람들이 공유하는 시대로 나아가는
것을 가능하게 하는 것은 무엇일까?

09_ 조선 백성들에게 **언어**의 **힘**을!

한반도인에게 주어진 최고의 선물, 훈민정음

고려는 불교 정신이 지배하던 시대였다. 조선의 왕들은 유교 정신, 유교의 사상으로 국가철학을 바꾸었다. 부모에게 효도하고 왕에게 충성하는 백성의 도리를 교육시켜야 통치할 수 있었다. 그러나 한자로 쓴 책들을 백성들은 읽을 수 없었다. 어떻게 백성들에게 바르게 사는 법을 가르칠 수 있을까? 세종의 고민은 여기서부터 시작된다.

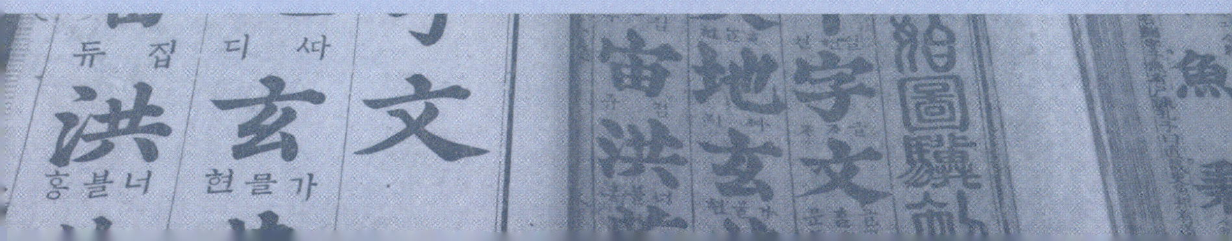

모든 알파벳이 꿈꿀 수 있는
최고의 알파벳, 한글

매년 9월 8일은 유네스코가 정한 '세계문맹퇴치의 날'이다. 유네스코는 1990년부터 세계 각국에서 문맹(文盲)퇴치에 기여한 개인이나 단체를 선정하여 상을 준다. 이 상의 이름이 '세종대왕문해상'이다. '문해(文解)'란 문자를 배우고 익히며 깨우치는 것을 말한다. 문해의 반대말은 '문맹(文盲)'이다. 문장을 읽고 쓰고 셈하는 것을 하지 못하는 사람을 '문맹인'이라 한다. 읽기는 하지만 쓰지는 못하면 '반(半)문해자'라고 한다.

문맹퇴치를 기념하는 상의 이름을 '세종대왕문해상'이라고 한 것은 세종이 역사적으로, 세계적으로 문맹퇴치에 가

-문자는 사람들의 삶에서 어떤 역할을 할까?
-조선의 관료들은 왜 새로운 문자, 훈민정음에 대해 반대했을까?
-왜 대부분의 백성들은 읽고 쓰기를 하지 못했을까?
-훈민정음은 조선사회의 무엇을 변화시켰을까?
-세종은 왜 새로운 문자를 만들었을까?
-문자와 언어는 어떻게 다를까?

장 기여한 사람이라는 의미이기도 하다. 훈민정음(한글)은 세계의 언어, 문자 언어 중에서 가장 배우기 쉽고 편리한 문자다. '훈민정음은 모든 알파벳[9-1]이 꿈꿀 수 있는 최고의 알파벳'이라고 평가한다.

1443년, 세종이 훈민정음을 만들 때까지 대부분의 백성들은 문맹인이었다. 양반, 사대부, 관료, 지배계층만이 읽고 쓸 수 있었다. 한자(漢字)는 특별한 사람들만이 사용했던 계급문자였다. 문자를 사용하는 것은 신분을 나타내는 징표와 다름없었다.

'우리나라의 말에 어울리는 글자가 없고, 중국의 한자는 어려워 어리석은 백성들이 자신의 의견을 충분히 표현하지 못함을 안타깝게 여겨, 새로 스물여덟 글자를 만들었다.'
세종은 왕에 오른 지 28년이 되던 1446년 9월에 훈민정음을 반포한다.

 세종은 왜 한글을 만들었을까?

세종이 밝힌 이유는 이렇다. '우리나라 말이 중국과 달라서 한자로는 제대로 소통할 수 없다. 그래서 어리석은 백성들이 하고 싶은 말이 있어도 제대로 할 수 없는 사람이 많다. 내가 이것을 가엾게 여겨 새로 스물여덟 글자를 만드니 사람마다 쉽게 익혀 날마다 편하게 사용하라.'

한글의 처음 이름은 '훈민정음'이었다. 훈민(訓民)이란 백

9-1_ 일반적으로 그리스 문자, 로마자, 영어 등 유럽 언어의 표기에 쓰는 문자들을 의미한다. 넓은 의미의 알파벳은 음소문자(音素文字)를 가리킨다. 음소는 자음과 모음으로 이루어지는데, 자음과 모음의 결합으로 음성을 나타내는 문자를 모두 알파벳이라 부른다. 알파벳이 아닌 문자는 한자와 이집트의 상형문자 등이 있다.

성을 가르친다는 뜻이다. 정음(正音)은 바르고 쉬운 문자란 뜻이다. 한글을 만든 이유는 어리석은 백성을 가르치기 위해서다. 백성들에게 글을 가르쳐 자신이 하고 싶은 말을 적을 수 있게 하겠다는 것이다. 백성들이 읽고 쓰기를 할 수 있도록 하는 것, 읽고 쓰기를 할 수 있어야 어리석음에서 벗어날 수 있다는 것이 세종의 생각이었다.

한반도에서 사람이 살기 시작한 뒤로 국가, 지배 계급, 피지배 계급이 생기고, 고조선, 삼국시대, 고려시대, 조선시대에 이르기까지, 문자는 오직 지배 계급만이 사용할 수 있는 독점물이었다.

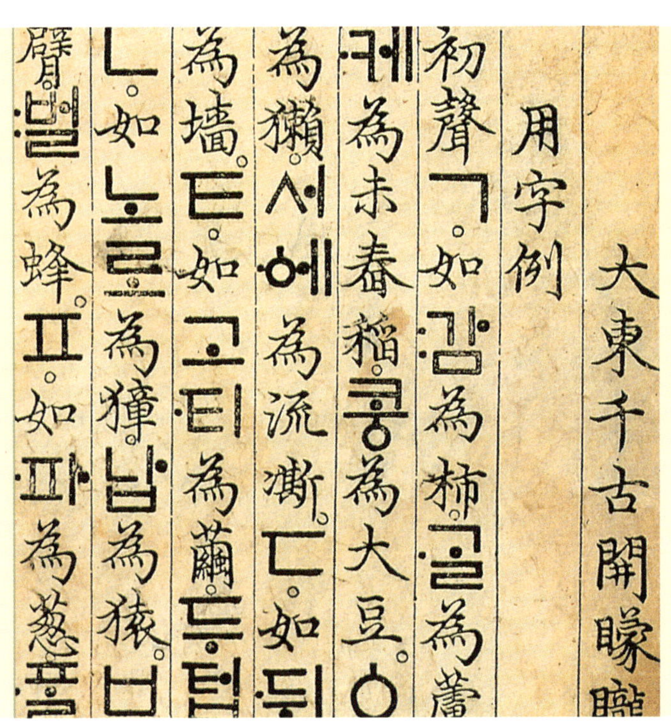

훈민정음해례본_
문자 능력은 스스로 생각하고 판단하는 능력을 갖게 한다. 스스로 기록하고 책을 읽으며 생각하고 추론하는 능력을 키워 준다. 그래서 문자 능력을 갖는다는 것은 주체적인 사고, 독립적이며 개인적인 사고 능력을 키우는 데 결정적 역할을 하는 것이다. 세계 역사 속에서 모든 지배 세력들은 문자를 독점했다. 문자의 독점은 판단하고 결정하는 것을 독점하는 것이다.

세종 이전까지 백성들에게 읽고 쓰기를 가르쳐야 한다고 생각한 사람은 아무도 없었다. 세종이 처음이다. 백성들에게 문자를 가르쳐야 한다니. 문자를 읽고 쓰는 것은 지배층만이 할 수 있는 것이었다. 지배층의 자격증 같은 것이었다. 읽고 쓰기를 하는 피지배층은 도리어 벌을 받았다. 오직 양반과 지배층에 속하는 사람만이 글자를 배우고 책을 읽으며 글을 쓸 수 있었던 것이다.

그런데 세종은 어리석은 백성들에게 문자를 가르치고, 읽고 쓰기를 알아야 한다고 생각했다. 생각에 그친 것이 아니라 자신이 직접 연구하여 세계에서 가장 배우고 쉬운 문자를 만들었던 것이다. 세종의 한글창제는 한반도 역사에서 생각 혁명, 사유 혁명을 일으키는 결정적 사건이었다. 세종은 위대한 문자 혁명가다.

문자와 언어의 독점은 사람들의 생각과 사유를 독점하는 것이다. 양반과 지배층이 생각과 지식을 독점했다. 농민을 비롯한 피지배층은 생각할 필요가 없었다. 아니 생각을 많이 하면 안 되었다. 그냥 일만 하는 것이 백성들의 본분이었다. 생각하고 책을 읽고 글을 쓰는 것이며, 백성들을 다스리고 명령하는 일은 양반과 지배층의 역할이었다. 백성들은 열심히 일하며 유식한 양반과 관료들을 존경하며 사는 것이 본분에 맞는 것이었다.

도대체 왜 세종은 백성들에게 글을 가르쳐야 한다고 생각

했던 것일까? 왕은 양반과 지배층의 우두머리이자 대표자
였다. 양반과 관리들의 반대는 불을 보듯 뻔했다. 그럼에도
불구하고 무엇 때문에 백성들에게 글자를 가르치고 읽고 쓰
기를 할 수 있도록 해야 한다고 생각한 것일까?

고려는 귀족, 호족 중심의 사회였다. 고려의 왕들은 귀족
과 호족, 관리들만으로도 나라를 통치할 수 있었다. 일반 백
성들은 귀족과 호족들 밑에서 그들의 명령과 통제를 받으며
살아갔다. 고려의 백성들은 가족 단위의 농사를 지을 수 없
었다. 왜냐하면 농사법이 발달하지 못해 좁은 땅에서는 계
속해서 농사를 지을 수 없었기 때문이다. 한 해 농사를 지으
면 다음 해는 그 땅을 쉬게 해 주어야 했다. 한 해 농사를 지
으면 땅의 영양분이 떨어져, 2, 3년은 땅을 쉬게 해 주어야
다시 농사를 지을 수 있었기 때문이었다. 그래서 고려의 농
민들은 귀족과 호족들이 가지고 있는 넓은 농장에 소속되어
살 수밖에 없었다.

조선시대가 되자 상황이 달라졌다. 매년 농사를 지을 수
있는 농사법이 개발되었다. 땅에 비료와 거름을 주어 영양
분을 공급해 주자 땅을 쉬게 하지 않고도 농사를 지을 수 있
게 되었다. 이제 가족이 먹고 살 수 있을 정도의 작은 땅만
가지고 농사를 지으면 생계를 유지할 수 있는 시대가 되었
다. 더 이상 귀족과 호족들의 대농장에 잡혀서 농사를 짓지
않아도 되는 시대가 온 것이다. 소농(小農), 가족 농업의 시
대가 열린 것이다.

고려의 왕과 지배층은 귀족과 호족들만 상대하면 나라가 유지되었지만 조선의 왕들은 달랐다. 일반 백성들을 직접 통치하고 관리해야만 되는 시대가 된 것이다. 전국에 있는 백성들을 상대로 정치를 해야만 했다. 백성들의 지위, 백성들의 의식, 백성들의 능력이 달라진 것이다.

조선의 왕들은 과거제도를 시행하여 백성들을 통치할 관리들을 직접 뽑았다. 고려의 왕들은 귀족과 호족들의 자식들을 관리로 임명했지만, 조선의 왕들은 관리 선발시험인 과거제도를 통해 양반뿐만 아니라 평민의 자식도 관리로 뽑았다. 중앙정부에서 직접 관리를 지역에 파견하여 백성들을 통치하고자 했다.

백성을 직접 통치하고자 했으나 백성들은 글을 알지 못했다. 한자를 읽고 쓰지 못했던 것이다. 한자는 양반과 지배층의 독점물이었다. 왕의 모든 명령과 중앙정부가 지역 관리들에게 지시하는 모든 명령은 한자로 기록되어 전달되었다. 백성들은 까막눈이었다. 관리들은 모든 지시를 오직 말로 할 수밖에 없었다. 말은 전하는 사람에 따라 달라진다. 말은 보관할 수도 없다. 지금처럼 녹음할 수도 없었다. 사람이 기억하여 말로 전달할 수밖에 없는 시대였다.

가장 큰 문제는 농사짓는 법에서 생겼다. 언제 씨앗을 뿌려야 하는지, 언제 모를 심어야 하는지, 언제 수확을 해야 하는지 등 농사법을 적은 책이 있었다. 그러나 글을 모르는 농민들은 새로운 농사법을 배울 수 없었다. 오직 과거의 경험만으로 농사를 지었다. 새로 개발된 농사법을 써먹을 수 없었던 것이다. 책을 읽지 못하면 직접 사람을 찾아가서 듣고 배울 수밖에 없다. 읽는 능력은 혼자서도 배울 수 있다. 모든 농민들에게 관리들이 직접 찾아가서 말로 가르칠 수 있겠는가.

농사와 시간, 관료의 일에 대한 세종의 교시

'지금의 수령들은 예전의 일상 습관에 익숙해서 비록 파종 때를 당하고도 스스로 말하기를, "망종이 아직 멀다." 하고, 농지에 관계되는 모든 소송을 즉시 처리하지 아니하며, 씨앗과 곡식을 주는 사무를 항상 빨리 처리하지 아니해 번번이 시기를 놓쳐 버리곤 한다. 혹은 수령이 비록 감사에게 보고해도, 감사는 호조에 넘기고, 호조에서는 의정부에 보고하며, 의정부에서는 사유를 갖추어 보고해야 하므로, 서로 문서를 왕복하는 동안에 망종은 이미 지나가고 만다. 어떤 이는 농경의 적절한 때를 알지 못하고 한갓 농사 권하기를 통한 이름 얻기만 꾀하여 너무 일찍 심기를 독려해, 씨나 싹을 살리지 못하여 도리어 농사를 해치는가 하면, 어떤 이는 참으로 절기의 이르고 늦은 것을 알지 못하고 스스로의 계획이 어설퍼서 일의 시기를 잃기도 한다. 이래서야 어찌 근심을 나누어 백성을 사랑하는 자의 도리라 하겠는가. 누구든 나와 함께 착한 정치를 하려는 자들은 내가 위임한 뜻을 본받고, 조종(祖宗)의 백성에게 두텁게 한 법을 준수하며, 현인들이 남긴 농서를 참고해 시기에 앞서서 미리 조치하

되, 너무 이르게도 말고 너무 늦게도 말라. 더구나 다른 부
역을 일으켜서 그들의 농사시기를 빼앗아서도 안 되니, 각
각 자신의 마음을 다하여 백성들이 근본에 힘쓰도록 인도하
라.'

세종은 백성들에게 《삼강행실도》 등 효도하는 법, 예절
등 윤리와 도덕을 가르치고 싶었다. 백성들에게 정신 교육
을 해야 한다고 생각한 것이다.

고려는 불교 정신이 지배하던 시대였다. 조선의 왕들은
유교 정신, 유교의 사상으로 국가철학을 바꾸었다. 부모에
게 효도하고 왕에게 충성하는 백성의 도리를 교육시켜야 통
치할 수 있었다. 그러나 한자로 쓴 책들을 백성들은 읽을 수
없었다. 어떻게 백성들에게 바르게 사는 법을 가르칠 수 있
을까? 세종의 고민은 여기서부터 시작된다.

《세종실록》에는 '백성을 사랑하는 자의 도리', '착한 정
치'라는 말들이 나온다. '나라의 근본이 백성'인 시대가 온
것이다. 이제 왕의 통치, 왕의 권력이 백성의 지지와 백성의
농사, 백성의 노동 속에서 국가가 운영되는 시대가 온 것이
다. 세종은 '백성의 시대'를 알아차린 왕이었다. 그래서 백
성들에게 읽고 쓰는 문자를 가르쳐서, 백성들이 왕의 뜻을
배우고 익혀 부모에게 효도하고 왕에게 충성하는 백성을 만
들고 싶었던 것이다.

수많은 백성들을 가장 빠른 시간에 한꺼번에 교화시키고 교육시킬 수 있는 방법, 백성들의 지지를 받아 왕의 힘을 키울 수 있는 방법이 바로 문자를 만들어 백성들에게 스스로 읽고 쓸 수 있는 능력을 갖게 하는 것이었다. 이 얼마나 창의적이고 대담한 방법인가.

한글, 인류 역사상 가장 과학적인 알파벳

한글은 세계 문자 중 유일하게 만든 사람과 만든 원리, 만든 때가 알려진 문자다. 세계에 있는 거의 모든 문자들이 오랜 세월에 걸쳐 만들어졌기 때문에 만든 때, 만든 사람, 만든 원리가 알려져 있지 않다. 대부분의 문자가 전설처럼 역사의 기록이 아닌 신화로 전해 내려온다.

한글은 세계에서 가장 많은 발음, 즉 말을 표현할 수 있는 문자다. 말처럼 배우므로 쉽게 배운다. 모든 사람이 단 하루면 배울 수 있는 문자다. 한글은 발음기호가 필요 없는 문자다. 영어의 모음은 위치와 쓰임에 따라 소릿값이 달라진다. 그래서 모든 낱말은 발음기호를 갖는다. 한글은 항상 같은 소리로 발음된다. 글자 하나하나가 하나의 소리를 낸다. 한글은 글자 그대로 읽고 필기체 소문자 대문자도 없다. 영어는 대소문자 구별이 있고 글자 그대로 읽지 않는다.

모든 백성들이 읽고 쓰는 능력을 갖도록 하겠다는 세종의 뜻은 마침내 이루어졌다. 지금 21세기 한반도에서 살고 있는 사람들은 거의 대부분 한글을 읽고 쓸 수 있다. 온 백성이 문자를 사용할 수 있게 된 것이다. 한국은 문맹률이 세계에서 가장 낮다. 세계적으로 놀라운 기록이다. 그만큼 한글이 배우기 쉽고 과학적인 문자라는 증거다.

훈민정음은 조선 사람들에게 어떤 영향을 주었을까?

세종은 언문(한글)을 반포한 지 2달 만에 훈민정음 전문 관청인 '언문청'을 설치한다. 이 언문청은 중종 1년, 1506년에 없어지기까지 약 60년 동안 한글관련 사업을 집행한다. 세종은 반포 6개월 후 과거시험의 필수 과목으로 한글을 제도화한다. 둘째 아들 수양대군에게 우리나라 최초의 산문 《석보상절》을 훈민정음으로 쓰게 한다. 세종은 아들이 쓴 작품을 참고해서 《월인천강지곡》을 쓴다.

약 450년 동안 한글은 '언문[9-2](諺文)'이라는 이름으로 불리며 주로 여성들과 백성들 속에서 사용되었다. 1894년 11월 21일에 '법률, 칙령은 모두 국문으로 본을 삼는다. 다만 한문을 부역하거나 국한문을 혼용할 수 있다.'라고 한 '국문 전용법'이 반포되었다. 세종이 훈민정음을 만든 지 약 450년 만에 한글이 '국가의 공식문자, 국어(國語)'로 선언되었다.

글을 읽고 쓸 수 없는 사람은 무엇을 할 수 없을까? 가장 간단한 예를 들어 보자. 문맹인은 편지를 쓰고 받을 수 없다. 만약 문맹인이 편지를 받았다면 어떻게 할까? 읽지 못하

[9-2] 한글의 이름은 훈민정음. 언문(諺文)·언서(諺書)·반절(反切)·암클·아햇글·가갸글·국서(國書)·국문(國文)·조선글 등 여러 가지 명칭으로 불렸다. 특히 언문이라는 명칭은 세종 때부터 사용했는데, 아랫사람들의 글, 속된 글이라는 의미로 한자에 비해 한글을 낮추어 부르는 이름이었다.

니까 대신 읽어 줄 사람을 찾아가야 한다. 만약 편지를 읽어 주는 사람이 거짓으로 읽어 준다 해도 문맹인은 믿을 수밖에 없다. 그렇다. 문맹인은 문자를 아는 사람에게 사상적으로 종속된다. 의존할 수밖에 없는 것이다. 주체적이고 독립적인 사상 활동이나 사유 활동을 할 수 없다.

문맹인은 책을 읽을 수 없다. 책이란 무엇인가. 책은 지식과 정보를 모아 놓은 것이다. 시간과 공간을 뛰어넘어 사람들의 다양한 경험과 생각을 저장해 놓은 블랙박스다. 책을 읽지 못한다면 다양한 지식과 정보를 자신의 것으로 만들 수 없다.

책은 경험과 지식을 축적하여 새로운 기술, 새로운 사상을 발전시키는 디딤돌 역할을 한다. 문맹인은 책을 통해서 스스로 자신의 능력을 업그레이드 할 수 있는 기회를 갖지 못한다.

문자는 교육을 가능하게 한다. 배움과 가르침이 문자로 이루어진다. 문자는 사람과 사람의 소통의 폭을 넓혀 준다. 서로 대등한 관계를 가능하게 한다. 말하는 자와 듣는 자, 명령하는 사람과 복종하는 사람의 일방적 관계가 아니라 서로 자신의 의견을 글로써 주고받는 것을 가능하게 한다.

말은 바람처럼 흘러가지만 글은 종이에 박힌다. 말은 멈추지 않지만 글은 정지한다. 문자는 생각, 사고, 의견을 영원히 기억하게 한다. 삶을 기록한다는 것, 자신의 경험과 생각을 기록한다는 것은 사람에게 어떤 의미를 갖는가. 문자는 사람들에게 자신의 삶의 흔적을 확인하게 한다, 마치 이름을 남기듯이.

세종이 훈민정음을 반포한 후 조선의 피지배층에서 꾸준히 사용된다. 남성 중심의 사회에서 낮은 위치에 있었던 여성의 문자로 인식되기도 한다. 궁중의 여성들이 한글로 기록하여 알려진 것으로는 《한중록》, 《인현왕후전》, 《계축일기》, 《산성일기》 등이 있다.

한글이 본격적으로 등장한 것은 '소설' 작품을 통해서다. 허균의 《홍길동전》, 김만중의 《구운몽》, 《사씨남정기》 등이 그것이다. 또한 박지원의 《허생전》, 《양반전》, 《호질》, 판소리 소설 《춘향전》, 《심청전》, 《흥부전》 등이 모두 한글로 쓰였다.

소설과 판소리가 한글로 기록되어 보급되었다는 것은 무엇을 의미하는가. 지배층보다 피지배층인 일반 백성들 속에서 한글이 매우 활발하게 읽혀지고 써졌다는 것을 알게 해준다.

드디어 피지배층이 문자를 갖게 된 것이다. 한반도 수천 년의 역사 속에서 지배 문자만이 존재했다. 지배층이 피지배층을 통치하기 위해 사용되었던 문자는 한자였다. 한자는 지배자와 권력의 징표였다. 그 한자의 나라에 백성들이 들어갈 문은 열려 있지 않았다.

그러나 이제 일반 백성들이 자신들의 문자, 즉 백성 문자를 갖게 되었다. 적어도 문자 생활에 있어서는 한반도에서 그 누구든 평등하고 대등한 관계가 시작된 것이다. 이제 문자를 읽고 쓸 수 있다는 이유만으로 지배할 수 있는 자격이 사라졌다. 지금까지 지배자의 자격증처럼 여겨져 왔던 문자의 계급적 경계가 없어졌다. 문자적 평등을 가져온 것은 한글이 조선 백성들에게 기여한 가장 결정적인 사건이다.

문자는 사유 방식, 생각하는 방식에 영향을 준다

영어를 사용하는 것은 영어라는 문자가 지니고 있는 논리적 체계를 배운다는 의미이고, 한문을 사용한다는 것은 한문이 가지고 있는 논리적 체계를 배운다는 것이다. 논리적 체계란 무엇인가. 논리적 체계란 '생각하는 방식', '사유하는 방식'을 의미한다. 그러므로 문자를 새롭게 만든다는 것, 문자를 유포시킨다는 것은 새로운 사유 방식, 사고 방식을 세운다는 것을 의미한다.

영어로 대표되는 알파벳이 갖는 사유 방식은 무엇인가. 알파벳(한글도 알파벳과 비슷한 방식이다.)은 음소를 좌에서 우로 직선적 방식으로 조합하는 체계다. 한글은 위에서 아

래로 글을 쓸 수 있지만 영어의 알파벳은 결코 위에서 아래
로 쓰는 법이 없다. 또한 우측에서 좌측으로 쓰는 법도 없
다. 좌에서 우로 글자들이 배치되며 항상 여러 음소들이 붙
어서 직선적으로 배치된다. 영어 알파벳의 사유 체계는 직
선적이며 분할적인 사유를 하게 만든다. 즉 음소의 부분을
합치고 결합하여 사유하는 방식이다. 여기에는 반드시 규칙
이 있기 마련이다. 이 규칙이 바로 문법이다.

한자는 알파벳과 다르다. 한자는 글자 한 자로서도 그 뜻

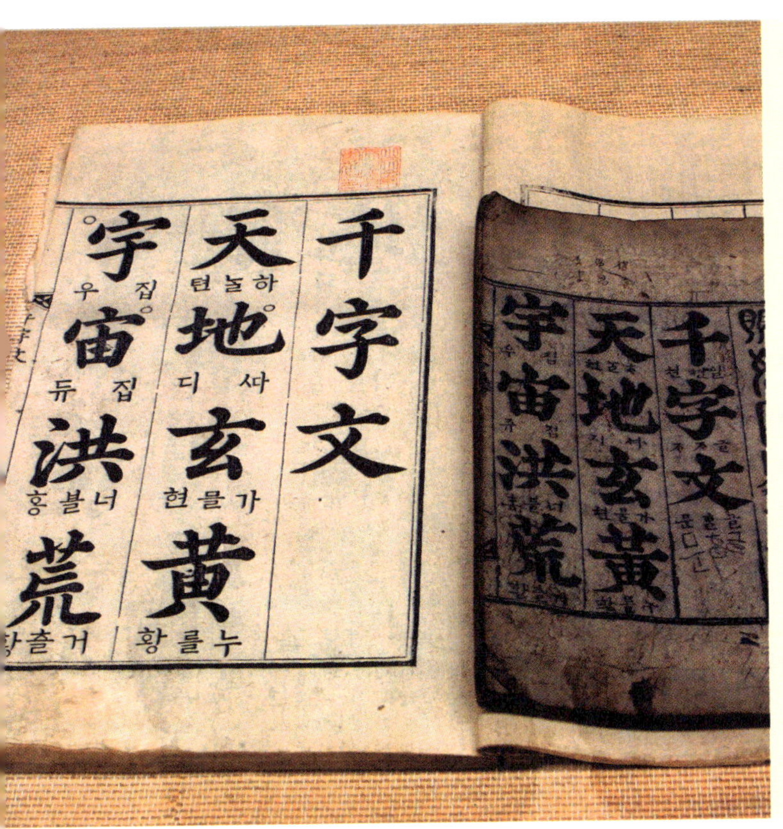

천자문_
한글로 가로쓰기를 할 때 왼쪽에
서 오른쪽으로 낱말들을 줄지어
쓴다. 영어도 마찬가지다. 그래서
읽는 것도 왼쪽에서 시작하여 오
른쪽 방향으로 읽는다. 그러나 한
자, 아랍어, 히브리어, 이집트의 상
형문자는 반대 방향이다. 오른쪽
에서 시작하여 왼쪽으로 써진다.
읽는 것도 당연히 오른쪽에서 시
작하여 왼쪽으로 나아간다. 쓰고
읽는 눈의 방향이 전혀 다르다. 무
엇이 이렇게 방향을 다르게 했을
까? 그리고 읽고 쓰는 방향의 차
이가 사고 방식에는 어떤 영향을
줄까? 상상력이 필요하다.

을 전할 수 있다. 즉 음소 하나에도 의미를 담고 있으며, 위에서 아래로, 좌에서 우로도 쓰기도 한다. 또한 한자는 모양으로도 그 의미를 담고 있다. 그러므로 영어의 알파벳을 평생 사용하는 사람과 한자를 평생 사용하는 사람들은 그 사고 방식과 사유 체계가 다를 수밖에 없다.

우리는 한글을 사용하고 있다. 영어도 배우고 있다. 조선 시대 사람들은 주로 한자를 사용했다. 한자를 사용하는 사람, 한글을 사용하는 사람, 영어를 사용하는 사람 등 언어의 사용에 따라 사람들의 생각하는 방식, 사유하는 방식, 삶의 방식이 어떻게 달라지는가.

한글, 우리에게 어떤 능력을 주었나

세종이 한글을 반포한 지 약 560년이 흐른 지금, 한반도는 남과 북 모두 세계 최고의 문해력을 자랑하고 있다. 중국은 여전히 문맹률이 20~30%에 이른다고 한다. 한자를 사용하고 있는 중국은 아직도 문자의 평등이 실현되고 있지 못한 것이다.

약 560년 동안 한글은 여러 가지 이름으로, 수많은 우여곡절과 사건을 겪으면서 백성들의 삶 속에서 끈질기게 살아남았다. 그것은 한자와 한글의 투쟁이었다. 한글은 백성들의 삶, 생각, 희망을 담고 조선 사회의 밑바닥에서 꿈틀거렸다. 한자는 여전히 양반과 지배층의 전유물로서 권력의 언어로 혹은 유교의 상징으로 자신의 존재를 과시했다.

한반도에서 한글은 승리했다. 한반도인의 절대 다수의 지지를 받으며 이제 '국어(國語)'가 되었다.

문자 수준과 언어 수준은 다르다. 문자가 언어로서 발전하기 위해서는 풍부한 어휘가 생산되어야 한다. 오늘날 세계적으로 가장 많은 어휘를 가지고 표현되는 것은 역시 영어다. 한글은 개발되어 유통되고 있는 글씨체가 약 600개이지만, 영어는 무료로 사용할 수 있는 글씨체가 무려 1만여 종이나 된다고 한다.

문자는 사상과 생각, 감정과 느낌을 담아 내는 그릇이다. 문자는 지식과 정보를 여러 사람들이 함께 소통하고 공유하게 한다. 문자가 널리 쓰인다는 것, 언어가 발달한다는 것은 그만큼 사람들끼리 소통하고 함께 생각하는 능력과 문화가 발달했다는 것을 의미한다.

우리가 한글이라는 문자적 능력을 물려받았다는 것은 곧 우수한 언어 능력을 발휘할 수 있는 달란트를 갖고 있음을 의미한다. 스스로 생각하고 읽고 쓸 수 있는 능력, 우리들의 생각을 다른 사람과 함께 공유할 수 있는 능력을 이미 가지고 있는 것이다.

이제 남은 것은 그 내용을 채우는 것이다. 생각의 수준, 사유의 폭과 깊이를 넓히는 것, 같이 살아가는 사람들의 의식 능력을 함께 드높이는 것, 폭력과 물리력에 의한 주장의

관철이 아니라 언어를 통한 소통으로 함께 문제를 해결해
가는 것, 이것이 세종의 메시지이며 우리들의 달란트를 실
현하는 길이다.

10_ 다산 정약용, 실학을 주장하다

왕조시대, 지식인의 역할은 무엇인가

현실에 대한 성찰, 새로운 과학기술과 도구들, 천주교를 중심으로 한 서구 사상 등이 조선사회에서 비판적 지식인들, 사회 개혁자들, 새로운 사회를 주장하는 지식인들을 자라게 했다. 이러한 학문적 세력을 '실학(實學)' 이라 부른다.

정약용의 시대, 과연 어떤 시대였나

다산 정약용은 '한자가 생긴 이래 가장 많은 책을 쓴 사람'이라고 알려졌다. 약 10년의 벼슬 생활과 18년 동안의 유배 생활 속에서 503권의 책과 약 2,500편의 시를 썼다고 전해진다.

그는 철학, 역사, 정치, 천문, 지리, 건축, 의학, 음악 등 모든 분야에 대해 관심을 갖고 연구했으며 책을 썼다. 그는 조선의 레오나르도 다빈치다.

다산 정약용이 살았던 시대인 18세기는 양반에게는 행운의 시대요, 대다수 백성들[10-1]에게는 불행의 시대였다. 왕을 비롯한 양반들은 백성들이 내는 세금으로 살았다. 농민들이 국가와 양반들에게 내야 하는 세금의 종류는 무려 43가지나 되었다.

-다산 정약용의 시대적 과제는 무엇이었을까?
-조선 후기 지식인의 역할은 무엇이었을까?
-다산 정약용이 통합적 학문을 이룰 수 있었던 이유는 무엇일까?
-실학이 주장한 것은 무엇일까?

　　법으로 정해진 세금은 몇 종류밖에 되지 않았다. 그러나 중앙정부에 내는 세금, 훈련도감에 군사비로 내는 세금을 제외하고 각 고을마다 지방 관료들이 백성들에게 걷는 읍징, 연납, 이징, 관납 등 28가지나 되었다. 세금을 내기 위해 배로 쌀을 실어 나를 때도 별도의 세금을 내야 했다. 선가미, 인정미 등 4가지나 되었다. 원래 이런 세금은 토지를 소유하고 있는 지주(주로 양반)들이 내게 되어 있었다. 그러나 실제로 낸 것은 그 토지에서 농사를 지었던 소작인들이었던 것이다. 결국 자신의 땅이 없어 지주의 땅을 빌어 농사를 지었던 백성들은 농사의 절반을 지주에게 내고, 나머지를 가지고 43가지나 되는 세금을 내야만 했던 것이다. 과연 백성들은 무엇을 먹고 살 수 있겠는가.

　　조선왕조가 지배하는 국가는 삼정, 즉 전정(田政), 군정(軍政), 환정(還政)의 세금을 거둬들였다. 전정은 논밭에서 거둬들이는 토지 세금이다. 군정은 16세부터 60세까지의 양민 남자에게 내려지는 군대 세금이었다. 조선시대의 양반과 노비를 제외한 일반 백성들은 일정 기간 동안 군대에 가야 했다. 그러나 농사를 짓고 일을 해야 하기 때문에 군대에 갈 수 없는 사람들은 대신 세금을 냈다. 환정은 봄에 가난한 백성들에게 곡식을 빌려 주고 가을에 갚도록 했다. 이 삼정의 세금이 조선왕조의 주요 수입이었다. 양반과 지주들은 바로 이 삼정을 이용해 일반 백성과 농민들에게 43가지나 되는 세금을 거두어들였던 것이다.

조선시대에는 자연 재해와 전염병이 자주 발생했다. 기록
에 의하면 조선 후기에는 평균 3.6년에 한 번씩 극심한 가뭄
이 닥쳤다. 1733년 충청도와 경상도 지방에 기근이 발생해
약 40만 명이 굶주렸고 그중에서 약 1만 3,000명이 굶어 죽
었다고 한다. 또 1809년 전국에 가뭄이 계속되어 약 840만
명이 굶주림에 시달렸다고 한다. 전염병도 심했다. 콜레라
와 장티푸스, 천연두가 가장 많이 발생했다. 1660년부터
1864년까지 약 200년 동안 평균 2.6년마다 전염병이 돌았
다. 1699년에는 약 25만 명이 죽고, 1749년도 전국에서 약
50만 명이 전염병에 걸려 죽었다. 조선의 백성들은 양반들

의 세금에 시달리고, 가뭄과 전염병에 걸려 신음했다.

살기 힘든 백성들은 산으로 들어가 도둑이 되기도 하고, 조선왕조와 양반들에 저항하기도 했다. 대표적인 도둑들이 임꺽정, 장길산, 홍길동이다. 1811년 평안도에서 민란이 일어났다. 홍경래의 난이다. 1862년 진주에서 민란이 일어났다. 1894년에는 전국적으로 갑오동학농민전쟁이 일어났다.

이러한 시대에 다산 정약용이 살았다. 그의 왕은 정조였다. 그는 벼슬을 하고, 죄인으로 몰려 18년 동안 유배생활을 한다. 그는 과연 무엇을 주장하고 무엇을 책으로 썼을까?

정약용은 무엇을 주장했나

정약용의 주장을 살펴보자.

통치자(목(牧), 관리)는 백성을 위해 있는가. 백성이 통치자를 위해 있는가. 백성은 곡물과 옷감을 내어 통치자를 섬기고, 백성은 수레와 종들을 내어 통치자를 맞이하고, 백성은 자기들의 고혈과 골수로 통치자를 살찌워 주니 백성이 통치자를 위해 살고 있는 것이 아닌가. 아니다! 통치자가 백성을 위해 있는 것이다.

오랜 옛날에는 백성뿐이지 어찌 통치자가 있었겠는가. 백성은 순박하고 평화롭게 모여 살고 있었는데 어떤 한 사람이 이웃 사람과 다투다 결정을 짓지 못했다. 그들 중에 한 어른이 옳은 말을 잘하기에 그들은 그에게 가서 판결을 받았다. 그 후 온 마을 사람들이 모두 그 어른에게 복종하며 그를 따르며 존경해 이정(里正)이라고 불렀다.

여러 마을의 백성이 서로 분쟁을 해결하지 못했다. 그들 중에 한 어른이 준수하고 지식이 많기에 그들은 그에게 가서 판결을 받았다. 여러 마을 사람들이 모두 그 어른에게 복종해 그를 높여 당정(黨正)이라 불렀다. 여러 지역의 백성들이 지역 상호 간의 분쟁을 결정짓지 못했다. 그런데 어떤 어른이 현명하고 덕이 있기에 그들은 그에게 가서 판결을 받고 여러 지역의 사람들이 모두 복종해 그를 주장(州長)이라고 했다.

이상과 똑같은 사정과 절차에 따라 여러 주(州)의 대표들이 한 사람을 따르고 존경해 대표로 삼고 제후(국군國君)라 불렀고, 여러 국(國)의 대표들이 한 사람을 따르고 존경해 대표로 삼고 방백(方伯)이라 불렀으며, 사방의 방(方)들은 한 사람을 따르고 존경해 으뜸으로 삼아 황제(皇帝)라고 불렀다.

그렇게 해서 황제는 결국 이정에서 기원했던 것이다. 그러므로 통치자는 백성을 위해 있는 것이다.

─《통치자론》, 원목(原牧)

정약용은 왕을 비롯한 모든 통치자는 백성이 뽑았다고 주장한다. 마을 사람이 마을 대표(이정)를 뽑고 그들은 다시 작은 지역의 대표(당정)를 뽑고, 이런 식으로 결국에는 황제까지 뽑게 되었다는 것이다.

조선왕조와 양반들의 주장은 달랐다. 왕은 하늘의 뜻에 따라 백성을 다스리는 사람으로서 왕권은 하늘이 주었다는 것이다. 그래서 중국의 왕을 하늘의 아들, 즉 천자(天子)로 불렀다. 모든 백성과 땅은 왕의 것이었다. 하늘이 왕에게 준 것이기 때문이었다. 어찌 양반들이 정약용을 미워하지 않겠는가. 정약용은 유배를 갈 수밖에 없는 사람이었다.

정약용은 통치자가 어떻게 백성들 위에 군림하게 되었는지에 대해 이렇게 설명한다.

이때 이정은 백성이 바라는 바를 따라 법을 정해 당정에게 올렸고, 당정은 백성이 원하는 바에 따라 법을 제정해 주장에게 올렸고, 주장은 제후에게, 제후는 황제에게 올렸다. 그러므로 그 법은 모두 백성에게 도움이 되었다.

그런데 후세에 한 사람이 스스로 서서 황제가 되었고, 자기의 자식과 따르는 사람을 임명해 제후로 삼았다. 또 제후는 자기 사람들을 골라 주장을 삼았으며, 주장은 자기의 사람을 추천해 당정 또는 이정을 삼았다. 그리고 황제는 자신의 욕망대로 법을 제정해 제후에게 주었고, 제후는 자기 욕망대로 법을 제정해 주장에게 주었으며, 주장은 당정에게 주고, 당정은 이정에게 주었다. 그리하여 그 법은 모두 임금을 높이고 백성을 낮추며 아랫사람을 박대하고 윗사람에게 아부하는 것이 되었다. 그 결과 백성은 마치 통치자를 위해 사는 것처럼 되어 버렸다.

　－《통치자론》, 원목(原牧)

조선은 농업 국가였다. 국가를 유지하는 세금이 농사로부터 나왔다. 백성들이 가장 시달리는 것은 바로 **토지 문제**[10-2]였다. 대부분의 토지를 소수의 양반 지주들이 가지고 있었고 그 토지로부터 거둬들이는 세금이 가혹했다. 토지 문제는 곧 세금 문제였고, 세금 문제는 곧 조선의 모든 것을 개혁하는 가장 중요한 문제였다.

정약용은 토지 개혁론인 '여전제(閭田制)'를 주장한다.

지금 농사짓는 사람이 토지를 갖게 하고 농사짓지 않는 사람이 토지를 갖지 못하게 하려면, 여전제를 실행해야만 그 뜻을 이룰 수 있다. 여전이란 무엇을 말하는가. 산골짜기 냇가의 지형을 따라 경계를 긋고, 그 경계의 안을 여(閭)라고 한다. 세 개의 여를 이(里)라고 하고, 다섯 개의 이를 방(坊)이라 하며, 다섯 개의 방을 읍(邑)이라 한다. 그리고 여에는 여의 대표로 여장(閭長)을 둔다.

무릇 한 여의 토지는 그 여의 사람에게 그 일을 함께 하도록 하며, 이 구역이니 저 경계니 하는 것이 없이 오직 여장의 명령만 듣게 한다. 사람들이 매일 하루를 일할 때마다 여장은 장부에 기록해 둔다. 가을에 추수를 마치면 모든 곡식을 여장의 강당으로 실어 나른 후, 그 곡식을 나누어 먼저 국가에 세금을 바치고 여장의 임금을 준다. 그리고 그 나머지를 가지고 날마다 일한 것을 기록한 장부와 대조해 사람들에게 분배한다.

-《토지 개혁론》, 전론

정치는 백성들이 추대한 왕이 담당한다. 왕은 백성을 위한 정치를 해야 한다. 만약 왕이 백성을 위한 정치를 하지 않으면 새로운 임금을 뽑아야 한다. 모든 토지는 국가가 소유한다. 농민들은 공동으로 농사를 짓는다. 가을이 되면 일한 만큼 생산물을 분배 받는다. 외적이 쳐들어 와 전쟁이 나면 모든 백성들이 군인이 된다. 평소에는 열심히 일하고 정기적으로 군사 훈련을 받는다. 마을은 서로 돕고 화목하게 살기 위해 정기적으로 마을 회의를 개최한다. 다른 사람에게 모범이 되는 사람에게 상을 주고 행실이 바르지 못한 사람은 타이르고 벌을 준다. 사람들이 서로 도우며 행복하게 사는 사회, 경제적으로 서로 공평하고 빈곤과 착취가 없는 사회, 이것이 정약용이 희망했던 사회였다.

정약용은 과학기술자였다. 그는 정조임금의 명령에 따라 수원성을 짓는 설계도를 작성했다. 거중기를 설계하여 만들

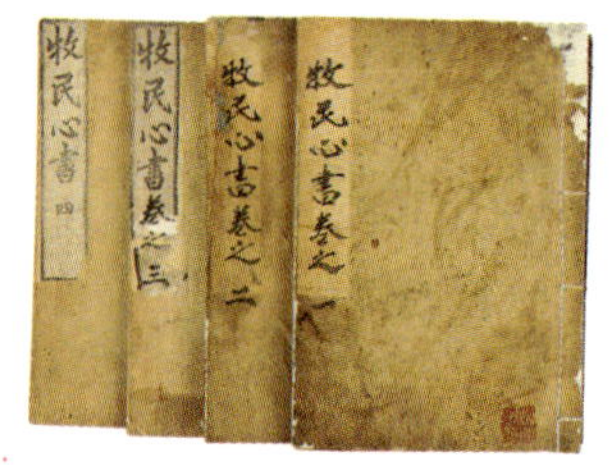

었으며 우리나라 최초로 종두접종에 대한 실험을 하기도 했다. 농기구 개량, 비료법, 씨앗 파종법 등 농업에 관한 많은 책을 썼다. 또한 곡물 생산, 과수 농업, 채소 농업, 원료 생산 등 농업의 전문 분야별로 기술자를 양성하고, 각 지역의 특산물을 집중적으로 생산할 것을 주장했다.

하늘이 날짐승과 길짐승에게 발톱을 주고 뿔을 주고 단단한 발굽과 예리한 이빨을 주고 여러 가지 독도 주었다. 그리하여 각각 저 하고 싶어 하는 것을 얻게 했고, 사람으로 인해 염려 되는 것을 막을 수 있도록 해 주었다. 그런데 사람에게는 벌거숭이로 약하기 그지없게 해 제 생명도 구하지 못할 듯이 했으니, 어찌해 하늘은 천한 짐승에게는 후하게 하고 귀하게 해야 할 인간에게는 박하게 했는가. 그것은 인간에게는 지혜로운 생각과 교묘한 궁리가 있어 기예를 익히며 제 힘으로 살아가도록 한 것이다. …… 우리나라에 있는 온갖 장인의 기예는 옛날에 배워 온 중국의 방식인데, 수백 년 이래 칼로 벤 것처럼 다시는 중국에 가서 배울 계획을 세우지 않았다. 중국에는 새로운 방식과 교묘한 제도가 나날이 증가되고 나날이 불어나서, 이제는 수백 년 이전의 중국이 아니다. 그런데도 우리는 막연하게 서로 묻지도 않고 오직 옛날 그 방식만으로 편하게 여기고 있으니 어찌 그리 게으르기만 한가!

　－《과학기술론》, 기예론

　정약용의 책 중에서 대표적인 것이 《목민심서》(牧民心書),

《흠흠신서》(欽欽新書), 《경세유표》(經世遺表)다.

　《목민심서》는 관리들이 백성을 다스리는 데 지켜야 할 지
침서다. 이 책에는 지방 수령이 임명을 받는 시작부터 고을
에서 관아를 운영하며 업무를 처리하는 방법에 이르기까지
아주 구체적이고 세부적으로 제시하고 있다. 지방의 수령들
이 실천할 수 있는 여러 가지 정책도 함께 쓰여 있다.

　《흠흠신서》는 법을 집행하고 재판을 하는 관리들의 지침
서이다. 판사와 검사 그리고 범죄를 조사하는 관리들에게
공정하고 바르게 법을 집행하는 내용이 담겨 있다. 법을 집
행할 때 주의해야 할 점을 제시하고 여러 가지 판결의 사례
를 들어 법 적용의 방법을 가르치고 있다.

정약용_
다산 정약용의 사상과 주장은 당시의 사회에서는 매우 급진적
인 것이었다. 더구나 그는 이후에 등장하는 최제우나 전봉준
처럼 다수의 백성들에게 자신의 사상을 펼치고 사회 운동으로
전개하지도 않았다. 그럼에도 불구하고 그의 사상은 이후 출
현하는 다수의 개혁적 지식인들에게 이론적 밑거름이 되었다.

《경세유표》는 왕에게 올리는 건의서였다. 중앙정부의 기구와 역할에 대해 분석하고, 정치, 경제, 군사 등 국가 운영의 문제점과 대안을 제시하고 있다.

불행하게도 정약용의 사상과 주장은 대부분 실행되지 못했다. 정약용의 주장에 동의하는 사람들이 조선사회에는 많지 않았다. 정약용은 '너무 늦은 시대에 너무 빨리 온 사람'이었다. 정약용을 아꼈던 정조임금이 죽자 다산은 죄인이 되어 18년 동안 유배 생활을 한다.

정약용은 어떤 사람들을 대표하는가

조선사회에 비판적 지식인들이 등장한다. 정치, 경제, 사회제도, 사법과 행정, 문화 등 사회의 모든 분야에 대한 개혁을 주장하는 지식인들이 출현한다. 조선왕조가 해결하지 못하는 백성들의 경제적 고통, 관료들의 부정부패, 유교 경전 속에 파묻혀 있는 학문의 퇴보, 과학기술에 대한 천대 등 조선사회의 모든 문제에 대해 새로운 정책과 사상을 부르짖는 사람들이 나타난 것이다.

이런 사람들이 어떻게 출현하게 되었을까? 과연 조선의 지식인들은 깨어나기 시작한 것일까? 조선에 새로운 학문이 들어오기 시작했다. 중국 청나라를 통해서 서양의 문화, 서양의 사상이 한반도에 들어오기 시작한 것이다.

박지원은 《열하일기》를 통해 청나라의 수레 선박 기와 벽

돌 등을 관찰하면서 조선사회에 이용할 방법을 연구한다. 그
는 상업과 공업을 발전시킬 것을 주장한다. 《열하일기》는 중
국 여행기이다. 중국 청나라를 여행하면서 그는 백성들의 생
활에 유용한 기술과 도구들을 발견했던 것이다.

사회 개혁파에게 새로운 에너지를 제공했던 것은 바로 서
양의 기독교 사상이다. 중국을 통해 천주교[10-3]가 한반도에 공
급된다. 천주교의 평등 사상은 빠른 속도로 조선의 백성들에
게 퍼진다. 정약용의 형제들 또한 천주교 신자들이 되었다.

천주교 사상은 그동안 조선의 지식인들을 지배했던 유교,
성리학 사상과는 완전히 다른 사상이었다. 천주교 사상의

자리 짜는 양반_
시대가 달라지고 있었다. 양반이
자리를 짜고 있다. 아이는 옆에서
책을 읽고 있고 아내는 실을 뽑는
다. 조선시대 초기만 해도 상상할
수 없는 장면이다. 양반이 손발을
놀려 일을 하다니. 더구나 자리를
짠다. 자리를 왜 짤까? 자신이 사
용하기 위한 것일까 아니면 팔기
위한 것일까? 조선사회에 노동에
대한 관념, 상업과 실용에 대한 사
상이 변화하고 있음을 보여 준다.
김득신, 국립중앙박물관

가장 결정적인 슬로건은 '예수 앞에서 모두가 평등한 사람들' 이라는 것이다. 신분사회, 계급사회였던 조선사회에서 천주교의 평등 사상은 혁명적인 주장이었다. 반역의 사상이었던 것이다.

그리고 현실이 있었다. 조선의 지식인들은 현실을 보았다. 농민들의 헐벗은 삶, 백성들의 고통스러운 삶, 관료들의 부패, 지배자들의 무능력, 백성들의 가난과 배고픔을 해결해 주지 못하는 권력의 나약한 모습이 지식인들의 눈에 들어왔다.

현실에 대한 성찰, 새로운 과학기술과 도구들, 천주교를 중심으로 한 서구 사상 등이 조선사회에서 비판적 지식인들, 사회 개혁자들, 새로운 사회를 주장하는 지식인들을 자라게 했다. 이러한 학문적 세력을 '실학(實學)' 이라 부른다.

다산 정약용은 바로 이 같은 비판적이고 개혁적인 지식인을 대표한다. 홍대용, 박지원, 박제가, 이지함, 김정희, 이덕무, 최한기 등 조선 후기사회의 모든 분야에서 시대적 과제를 읽고 변화를 추구했던 모든 지식인들을 대표한다.

11_ 한반도를 뒤흔든 혁명사상, 동학

동학(東學) 농민들은 무엇을 희망했는가

농민군은 일본뿐만 아니라 1000년 이상 신라, 고려, 조선에 영향력을 행사해 왔던 중국끼지 물리치고 자주적인 국가를 세울 것을 주장했다. 조선 최초로 반중국, 척화(斥和)의 소리가 한반도에서 나온 것이다. 지배층, 양반들, 지식인들 등 그 시대의 어느 누구도 주장하지 못했던 신분제도의 철폐 그리고 반일본과 반중국의 자주적인 민족국가에 대한 제시는 가히 혁명적인 것이었다.

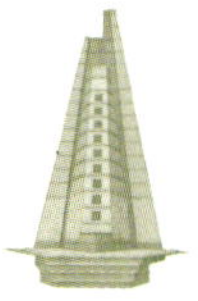

　2004년 2월 9일, 대한민국 국회에서 '동학혁명 참여자 명예회복에 관한 특별법'이 제정되었다. 이 법은 '봉건제도의 개혁과 일제의 침략으로부터 국권수호를 위한 동학혁명 참여자의 애국애족 정신을 기리고 이를 계승 발전시켜 민족정기를 선양하며, 동학농민혁명 참여자와 그 유족의 명예를 회복함'을 목적으로 밝히고 있다. 또한 '동학농민혁명 참여자는 1894년 3월에 봉건체제의 개혁을 위하여 1차로 봉기하고, 같은 해 9월에 일제의 침략으로부터 국권을 수호하고자 2차로 봉기하여 항일무장투쟁을 전개한 농민 중심의 혁명 참여자'로 정했다.

조선의 농민들, 드디어 봉기하다

　1894년 1월 11일 새벽, 수천 명의 농민들이 전라북도 고부군 관아를 공격한다. 군수 조병갑과 그 부하들을 잡기 위해서였다. 그러나 조병갑은 이미 전주로 도망친 뒤였다. 고

- 동학의 결정적 주장은 무엇일까?
- 인내천의 의미는 무엇일까?
- 동학의 교주 최제우는 왜 처형되었을까?
- 전봉준은 어떻게, 왜 역적에서 혁명가로 복권되었을까?
- 동학농민운동이 성취한 것은 무엇일까?

부 관아는 텅 비어 있었다. 농민들은 억울한 죄인들을 풀어 주고 창고에 쌓여 있던 쌀을 꺼내 백성들에게 나누어 주었다. 이것이 갑오년의 농민운동, 동학농민혁명이 시작된 새벽의 봉기였다.

전라북도 고부군 군수였던 조병갑은 토지 1결당 12말씩 받게 되어 있던 세금을 16말씩 받아서 나머지를 빼돌려 자신이 가졌다. 군민들에게 불효죄, 음란죄, 이웃 간에 화목하지 못한 죄 등 없는 죄를 만들어 무고한 사람들에게 뒤집어 씌워 2만냥의 벌금을 거둬 들였다. 자기 아버지를 찬양하는 비석을 세운다고 1,000냥을 강제로 내게 하고, 필요도 없는 만석보를 만들어 농민들에게 물세를 거두었다. 조선시대 지방의 많은 관리들이 그랬던 것처럼 한마디로 조병갑은 전형적인 탐관오리였다.

조병갑의 폭정에 농민들은 항의한다. 1894년 겨울에 전창혁(전봉준의 아버지), 김도삼, 정일서 등 3명의 대표가 진정서를 올린다. 그러나 조병갑은 3명의 대표를 곤장을 때려 죽게 한다. 이것이 1894년 1월 11일 새벽에 농민들이 고부 관아를 공격하게 된 결정적 이유였다.

조선왕조는 사태를 수습하기 위해 고위 관리 이용태를 파견한다. 이용태는 민란의 주동자를 잡는다는 핑계로 농민들을 잡아들이고 재물을 빼앗았다. 이용태의 부하들은 고부뿐만 아니라 태인, 정읍 등 인근 지역까지 돌아다니면서 약탈과 구타, 강간 등 온갖 범죄를 저질렀다.

동학 조직의 지역 책임자였던 전봉준은 보국안민(나라를 구하고 백성을 평안하게 한다.), 제폭구민(폭정을 제거하고 백성을 구한다.)을 위해 일어설 것을 호소하는 사발통문을 돌렸다. 이것이 동학농민혁명의 본격적인 시작을 알리는 깃발이었다.

1894년 3월 하순, 조병갑 등 탐관오리의 온갖 폭정과 수탈, 횡포에 시달리며 가난하게 살아 왔던 농민들이 모였다. 고창, 무창, 부안, 정읍, 태인, 금구, 김제 등 각 지역에서 약 8,000명의 농민들이 죽창을 들고 모였다. 총대장에 전봉준, 부대장에 손화중과 김개남, 총참모에 김덕명과 오지영 등이 앞장섰다.

'우리가 일어나는 목적은 백성을 도탄에서 건지고 나라를 튼튼하게 하고자 함이다. 안으로는 탐학한 관리의 머리를 베고, 밖으로는 횡포한 강적의 무리를 쫓아내려 한다. 양반 밑에서 고통 받는 민중과 수령 밑에서 굴욕을 당하는 하급 관리들은 우리와 같이 원한이 깊다. 그러니 주저하지 말고 즉시 일어나라. 기회를 잃으면 후회하리라.'
– 농민군이 전국에 보낸 창의문

백산에서 농민 봉기를 선언한 농민군은 4대 행동강령과 12개 항의 규율을 정하고 1894년 3월 29일경부터 진격했다.

〈농민군의 4대 강령〉

– 사람을 함부로 죽이지 말고 가축을 잡아먹지 말라.

– 충효를 다하여 세상을 구하고 백성을 편안케 하라.

– 왜놈을 몰아내고 나라의 정치를 바로잡는다.

– 군사를 몰아 서울로 쳐들어가 권귀(權貴: 권세 있는 관료)
  를 모두 없앤다.

〈농민군의 12개조 기율〉

– 항복한 자는 받아들일 것

– 곤궁한 자는 구제할 것

– 탐학한 자는 추방할 것

– 농민군을 따르는 자는 공경히 대할 것

– 도망하는 자는 쫓지 않을 것

민중을 이끄는 자유의 여신
1789년 7월 14일, 프랑스 시민들이 봉기하여 바스티유 감옥을 부수고 갇혀 있던 정치범들을 석방한다. 그들은 자유와 평등을 주장했다. 프랑스혁명은 절대왕정을 무너뜨리고 공화정을 수립한다. 인간의 자유와 평등 재산권을 보장하는 인권선언을 한다.
들라크루아, 1830, 루브르 박물관

- 굶주린 자에게는 음식을 줄 것

- 교활한 행위를 하지 말 것

- 가난한 자에게는 베풀 것

- 불충한 자는 제거할 것

- 거스르는 자는 타이를 것

- 병자에게는 약을 줄 것

- 불효자는 죽일 것

농민군은 4월 3일, 백산에서 관군과의 첫 전투에서 승리한다. 4월 6일은 고부군 황토 현에서 800여 명의 관군을 물리친다. 4월 7일은 정읍, 다음 날 8일은 흥덕, 고창, 무창, 12일은 영광, 16일은 전라남도 함평으로 진출한다. 이렇게 전라도에서 시작된 농민 봉기로 충청도의 회덕, 진잠, 공주, 청산, 옥천, 문의, 보은, 목천, 노성 등의 농민들도 봉기한다. 경상도 김해에서도 농민들이 나서면서 전국적으로 확대된다. 4월 27일 새벽이 되자, 농민군은 드디어 전주성에 입성한다.

전주를 장악한 농민군은 관청을 접수하고 감옥을 열어 죄 없이 갇혀 있던 백성들을 석방한다. 관아의 창고를 열어 쌀을 나누어 주고, 농민들을 수탈했던 양반과 지주들의 재산을 몰수해 가난한 자들을 구제한다.

조선왕조는 농민군을 진압하기 위해 청나라에 군사지원을 요청한다. 청나라 군대 약 4,000명이 1, 2차에 걸쳐 조선에 파견된다. 또한 일본 군대 역시 약 8,000명에 달하는 병력을 서울과 인천 지역에 파견한다. 이제 갑오농민운동은 국내전에서 청나라와 일본[11-1]이 개입한 국제전이 된 것이다.

농민군은 농민전쟁을 빌미로 청나라와 일본군이 개입하자 이들을 철수시키고, 농사철이 다가와 농민들이 일해야 하는 것을 감안해 조선왕조의 관군에게 휴전을 제의한다. 5월 8일, 농민군과 관군은 전주에서 휴전조약을 맺는다.

농민군과 관군은 폐정개혁 12개조 항에 합의한다. 농민군은 자신들의 정책과 뜻을 실천하기 위해 지역마다 집강소를 설치한다.

〈폐정개혁 12개조〉

1. 동학도는 정부와의 원한을 씻고 서정에 협력한다.

2. 탐관오리는 그 죄상을 조사하여 엄징한다.

3. 횡포한 부호를 엄징한다.

4. 불량한 유림(儒林)과 양반의 무리를 징벌한다.

5. 노비문서를 소각한다.

6. 7종의 천인 차별을 개선하고 백정이 쓰는 평량립(패랭이모자)은 없앤다.

7. 청상과부의 개가를 허용한다.

8. 무명의 잡세는 일체 폐지한다.

9. 관리 채용에는 지벌을 타파하고 인재를 등용한다.

10. 왜와 통하는 자는 엄징한다.

11. 공사채를 물론하고 기왕의 것을 무효로 한다.

12. 토지는 평균하여 분작(分作)한다.

농민군의 집강소는 노비문서를 소각하여 노비를 해방시켰다. 감옥을 열어 억울하게 갇혔던 백성들을 석방했다. 부당한 세금의 징수를 막고 고리대금을 없앴다. 양반지주들의 토지문서를 소각하고 높은 소작료를 없앴다. 집강소의 활동은 동학 조직에 힘입어 전라도 지역뿐만 아니라 충청도 경상도 경기도 강원도 평안도 황해도 등 전국적으로 확대되었다.

농민군과 관군의 평화조약에도 불구하고 일본군과 청군은 철수하지 않았다. 결국 일본군은 청일전쟁을 일으켜 승리한다. 한반도에서 주도권을 확보한 일본군은 관군과 연합하여 농민군을 진압하고자 한다.

10월 21일, 농민군과 일본군·관군 연합세력의 첫 전투가 목천 세성산에서 벌어진다. 기관포 등 신식무기로 무장하고 군사 훈련을 받은 일본 군대에 맞서 농민군은 이길 수가 없었다. 수십 만 명의 농민들이 죽창을 들고 싸웠지만 일본군의 기관포에 속절없이 죽어 갔다.

새야새야 파랑새야 녹두밭에 앉지 마라
녹두꽃이 떨어지면 청포장수 울고 간다
새야새야 파랑새야 우리 논에 앉지 마라
새야새야 파랑새야 우리 밭에 앉지 마라
아래녁새는 아래로 가고 위녁새는 위로 가고

우리 논에 앉지 마라 우리 밭에 앉지 마라
우리 아버지 우리 어머니 손톱발톱 다 닳는다
새야새야 파랑새야 우리 밭에 앉지 마라

🗿 한반도를 뒤흔든 동학의 슬로건: 사람이 곧 하늘이다

1860년(철종 11년), 경주(慶州) 사람 최제우(崔濟愚)는 '사람이 곧 하늘이다.'라는 '인내천(人乃天) 천심즉인심(天心卽人心)'을 주장했다. '사람이 곧 하늘이다.'라는 사상은 당시 조선사회에서는 혁명적인 주장이었다. 모든 사람이 평등하다고 주장했기 때문이다.

최제우의 사상인 인내천은 조선의 왕을 비롯한 양반들을 두렵게 만들었다. 태어날 때부터 신분이 결정되어 있다고 믿었던 지배층에게는 하늘이 무너지는 소리였다. 조선의 지배층에게는 도저히 용납될 수 없는 주장이었다.

조선 지배층의 사상이었던 성리학은 '우주와 인간 사회를 지배하는 원리는 하늘의 원리인데, 이 하늘의 뜻을 이어 받은 것이 왕이다. 그러므로 왕이 인간 사회를 통치하는 자격을 갖는 것이다.'라고 교육하고 있었고, 조선의 신분제도를 유지하는 기본 사상이었다.

드디어 최제우가 모든 사람에게 하늘의 문을 연 것이다. 최제우는 마치 서양의 예수처럼 하늘 앞에서 모든 사람의 평등을 주장한 것이다. 예수는 모든 사람들에게 하늘에 들어갈 수 있는 길을 열었다. 유대교는 오직 유대인들만이 하늘에 들어갈 수 있다고 주장했다. 예수는 핏줄, 성별, 민족, 나이, 빈부에 상관없이 오직 자신만을 믿으면 천국에 들어갈 수 있다고 주장했다.

최제우 또한 모든 사람이 하늘 앞에서 평등하다고 주장했다. 그는 예수보다 한 발 더 나아가 사람이 곧 하늘이라고 주장하여 예수를 뛰어넘는 사상을 제시한다. 하늘과 사람을 동등한 위치에 놓은 것이다. 하늘과 사람 사이에 있었던 중간자들을 모두 없애 버린 무서운 사상이었다. 이제 어느 누구도 하늘을 이용하여 다른 사람을 지배할 수 없게 되었다. 최제우가 판도라의 상자를 열어 버렸다.

한편, 최제우의 사상이 지배층에게는 무서운 사상이었지만 피지배층, 즉 가난한 백성들과 천민들에게는 그야말로 희망의 복음이었다. 급속히 백성들 속으로 최제우의 사상이 전파되기 시작했다. 포교를 시작한 지 불과 3, 4년 사이에 교인들이 경상도, 충청도, 전라도 지방으로 확산되었다.

조선왕조와 지배층은 동학을 불온한 사상집단이라고 단정하고, 1863년 최제우를 비롯한 20여 명의 동학교도를 혹세무민(惑世誣民)의 죄로 체포한다. 최제우는 다음 해 대구에서 사형을 받고 순교했다.

최제우의 순교 이후에도 동학의 포교는 계속되었다. 최제우의 억울한 죽음을 풀어줄 것을 요구하는 운동이 계속되었다. 이러한 동학교인의 성장이 전국화 되면서 갑오년의 농민 봉기(1894)의 조직적, 사상적 기반이 되었던 것이다.

🪨 농민군, 조선의 역사 최초로 척화(斥和)를 주장하다

동학농민군은 "다함께 척왜(斥倭)와 척화(斥和)하여 조선이 왜국이 되지 않도록 하자."고 호소했다. '척왜(斥倭)와 척화(斥和), 즉 일본을 물리치는 것과 중국을 물리치는 것이 조선 사람 모두의 뜻' 이라는 주장이었다.

신라가 당나라의 힘을 빌려 고구려와 백제를 망하게 한 후, 한반도는 중국에 조공을 바치는 제후국이었다. 때에 따라 중국의 황세에게 신물을 바쳤다. 중구익 황제는 정기적으로 소, 말, 쌀, 인삼, 궁녀 등을 바치도록 명령했다. 신라, 고려, 조선의 모든 왕들은 중국 황제로부터 임명장을 받아야만 왕이 될 수 있었다. 조선의 초대 왕이었던 이성계는 '조선'이라는 나라 이름조차 중국 황제의 승인을 받아야만 했다.

농민군은 일본뿐만 아니라 1000년 이상 신라, 고려, 조선에 영향력을 행사해 왔던 중국까지 물리치고 자주적인 국가를 세울 것을 주장했다. 조선 최초로 반중국, 척화(斥和)의 소리가 한반도에서 나온 것이다. 지배층, 양반들, 지식인들 등 그 시대의 어느 누구도 주장하지 못했던 신분제도의 철

폐, 그리고 반일본과 반중국의 자주적인 민족국가에 대한
제시는 가히 혁명적인 것이었다.

　2004년 2월 9일, 대한민국 국회에서 '동학혁명 참여자
명예회복에 관한 특별법'이 제정되었다. 1863년 최제우가
순교한지 약 140년, 1894년 동학농민봉기 후 약 110년이
흐른 뒤에야 동학혁명 참여자들이 범죄인이 아닌 애국자,
항일운동가로서 인정된 것이다.

전봉준 최제우_
1950년대까지 전봉준은 한국 역사 속에서 역적이었다. 오늘날 전봉준은 혁명가로서, 위인으로서
복권되었다. 동학은 일제 식민지시대에 철저히 탄압받았다. 민족의 사상, 민족종교로 인식되었기
때문이다. 동학의 원조인 최제우의 사상은 느닷없이 태어난 게 아니었다. 삼국시대를 살았던 백
성들의 소원 속에, '왕후장상의 씨가 따로 없다.'라고 주장한 만적의 외침 속에, 고려시대 수많은
민란 속에 봉기했던 한반도 백성들의 간절한 희망이 바로 최제우의 사상으로 태어났던 것이다.

12_ 조선왕조의 끝, **단발령**

한반도는 어떻게 근대화의 문을 열었을까?

갑오경장의 개혁정책은 동학 농민들의 요구를 반영한 것이었다.
또한 일본의 압력과 협박 속에서 이루어진 것도 있었다. 그러나
그 누구도 시대의 흐름을 바꿀 수는 없었다. 일본의 침략 속에서
결국 조선왕조와 대한제국은 망하지만 사실상 갑오경장의 개혁
정책으로 이미 막을 내린 것이다.

1895년 12월 30일, 고종 32년에 '관보 3의 호외'에서 조칙(韶勅) 제2호로(제1호는 양력을 사용한다는 내용이다.) "짐이 솔선수범하여 머리칼을 자르니 백성들은 짐의 뜻을 마음 깊이 받들어 만국(萬國)과 나란히 설 수 있는 대업을 이루라." 하며 고종은 자신의 상투를 잘랐다.

김홍집 친일 정부는 "이번에 머리를 자르는 것은 위생에 이롭게 하고 일을 하기에 편하게 하기 위하여 폐하께서 정치개혁과 백성과 나라의 부강(富强)을 도모하여 솔선 시행하여 표준을 보이신 것이다. 우리 대조선 백성은 이러한 성의(聖意)를 받들되 의관(衣冠)제도는 다음과 같이 고시한다. 1. (명성황후 시해사건으로)국상 중이니 종전대로 백색을 입음. 1. 망건은 폐지함. 1. 의복제도는 외국 것을 입어도 됨."을 내부고시 제1호로 발표했다.

−**조선**[12-1]왕조는 어떻게 망했을까?

−고종은 왜 단발령을 실시했을까?

−단발령은 어떤 사상을 자르는 것이었을까?

−한반도의 근대화는 어떻게 시작되었을까?

단발령은 다음 날 전국 방방곡곡에 일제히 포고되었다. 포고된 날부터 다음 날 아침까지 정부 관료와 관리들, 군인, 경찰 등 관리들의 머리를 먼저 잘랐다. 머리를 깎은 경찰과 군인들이 '체두관(剃頭官)'으로 임명되어 거리와 길목에서 오가는 백성들을 붙잡아 무조건 상투를 잘랐다. 서울 거리는 상투 잘린 사람들의 통곡 소리와 달아나는 사람들로 아수라장이 되었다.

서울에 왔던 지방 사람들은 서둘러 고향으로 돌아갔고, 남자들은 상투를 지키려고 밖으로 나오지 않았다. 스스로 목숨을 끊는 사람도 있었다. 일도 나가지 않았다. 지방 사람

12-1_ 1897년 10월 12일, 고종은 스스로 황제 즉위식을 치르면서 국호를 '대한제국'으로 바꾼다. 이제 '조선'이라는 나라는 사라진 것이다. 대한제국은 1910년 8월 29일, 한일합병조약이 공포됨으로써 막을 내린다. 조선도 망하고 대한제국도 망했던 것이다. 그 후 한반도는 일본의 식민지로서 '조선총독부'가 통치하게 된다.

단발령은 매우 상징적인 사건이다. 한반도가 혼란에 빠지는 예
고탄이었다. 500년 아니 수천 년 역사 속에서 지켜져 왔던 관
습과 문화를 단절시킨 충격적인 사건이었다. 한반도는 온통 뒤
죽박죽이 되었다. 신분, 윤리와 도덕, 문화와 생활 리듬도 규칙
을 잃어버렸다. 이제까지 힘을 발휘하던 것들이 갑자기 힘을
상실했다. 새로운 것들이 한반도에 들어서기 시작했다. 이발소
와 양복점이 생겼다. 이제 무엇이 힘을 발휘할까?

들이 서울로 오지 않았다. 식량과 채소가 서울로 들어오지
않아 서울의 물가가 치솟았다. 전국에서 의병들이 일본 군
인과 일본 상점들을 공격하거나 일본인을 살해하고 불을 질
렀다. 단발령을 일본군이 강제로 시킨 것이라고 생각한 것
이다. 김홍집 내각이 친일 내각이었기 때문이다.

수백 년 동안 지켜온 조선 사람들의 머리가 잘린 것이다.
옷도 바꿔 입어야 했다. 조선의 모든 사람들이 일대 혼란에
빠졌다. 경악을 금치 못했다. '신체발부는 수지부모(身體髮
膚受之父母:부모가 물려준 머리카락을 자르는 것은 불효막심한
일)' 라며 최익현은 "내 목을 자를지언정 내 머리칼은 자를
수 없다."며 상소를 올렸다. 유림 안병찬은 "차라리 단두귀

176

(斷頭鬼)는 될지언정 상투 자른 사람은 되지 말자.”고 외친
뒤 자결했다.

　조선 백성들은 상투를 자르고 양복을 입는 것은 새로운
시대를 여는 것이 아니라 일본에게 무릎을 꿇는 일이라고
분노했다. 단발령은 을미사변 이후 반일 의식을 폭발시킨
결정적 사건이 되었다. 김홍집 친일 내각은 전국적인 국민
적 저항에 부딪혔다. 전국 각지에서는 의병이 일어났다. 고
종의 아관파천(俄館播遷)이 일어났고 김홍집과 어윤중(魚允
中), 정병하 등이 살해되었다. 유길준, 장박(張博), 조희연(趙
羲淵) 등은 일본으로 망명함으로써 친일 내각은 삽시간에 무
너졌다.

　1896년 2월 11일, 고종의 러시아 공관 피신(아관파천)으
로 친일 내각이 무너지고, 친러시아 내각이 들어서자 단발
령에 앞장섰던 김홍집 총리대신은 대낮에 대로에서 성난 군
중들에게 피살되었고 단발령은 완화되었다. 단발령은 고종
이 러시아 공관으로부터 덕수궁으로 돌아온 뒤인 1897년
(건양 2년) 8월 12일에 조칙(詔勅) 제4호로 폐지된다. 이완용
(李完用), 이범진(李範晉), 윤치호(尹致昊) 등이 중심이 된 친러
시아 정부가 들어서서 분노하는 민심을 수습하고자 단발령
을 철회했던 것이다. 정부가 단발령을 철회했음에도 불구하
고 고종을 비롯한 왕족들, 정부 관료들은 이미 상투를 자른
뒤였다. 왕궁 안에 이발소가 설치되어 왕과 왕족들의 머리
를 잘랐다.

상투와 갓은 조선사회의 상징이었다

조선왕조 500년 동안 백성들은 유교 윤리에 따라 머리를 기르고 성인이 되면 상투를 틀었다. 상투를 트는 것은 효자(孝子)가 되는 길이었다. 신체와 머리털은 부모로부터 물려받은 것이므로 훼손하지 않는 것이 효의 근본이라고 여겼다.

조선왕조가 지배하던 조선사회는 유교사회요, 신분사회였다. 머리 모양과 옷 모양은 신분을 나타냈다. 조선의 남자들은 성인이 되면 상투를 틀고 신분에 따라 모자를 썼다. 상투만 틀고 아무것도 쓰지 않는 맨 상투머리는 종이나 머슴들의 모습이었다. 양반들은 갓을 썼다. 삿갓은 주로 상민들이 사용하던 모자다. 초립은 가장 천한 백정의 모자가 되었다.

단발령은 머리 모양과 옷으로 신분을 구분할 수 없게 만들었다. 신분사회가 무너진 것이다. 상투를 자르고, 양복(서양옷)을 입으라는 것은 사실상 조선왕조, 유교왕조가 끝났다는 것을 의미했다.

500년 동안 조선 사람들이 옳다고 믿고 살았던 유교의 가치관, 세계관이 하루아침에 잘못된 것으로, 더러운 것으로(정부에서는 단발령의 이유로 위생을 들었다) 취급되었던 것이다. 약 110년이 지난 지금 상투와 갓을 쓴 사람을 찾아보기는 결코 쉽지 않다. 단발령은 한반도인의 모습을 바꾸어 버린 결정적 사건이었다.

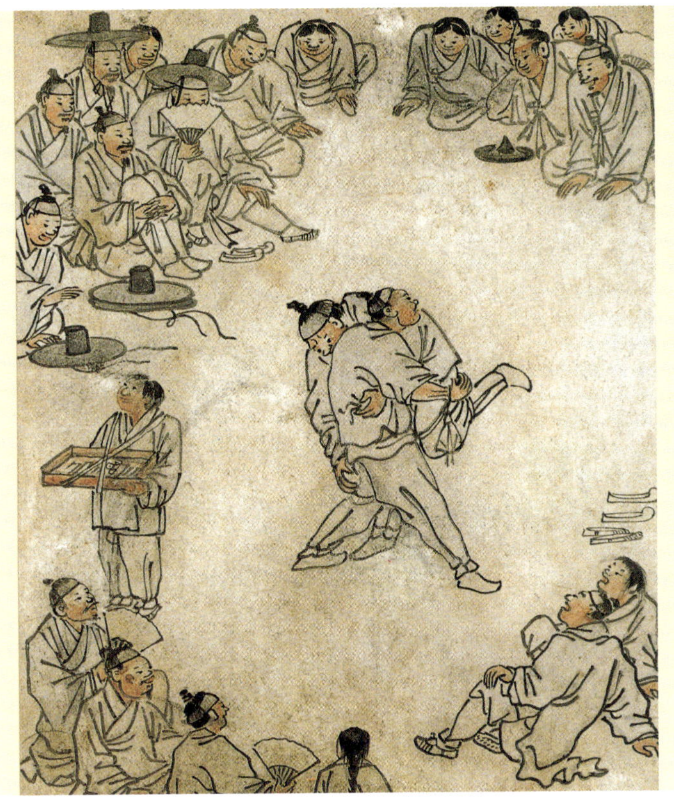

갑오경장[12-2], 드디어 신분제가 철폐되다

1894년 7월 27일, 정부는 정치, 경제, 사회 각 분야에 걸쳐 208건의 개혁안을 의결하고 발표한다. 이후 1896년 2월까지 세 차례에 걸쳐 개혁정책을 추진한다. 그 주요한 내용은 다음과 같다.

- 문벌과 반상제도(신분제도) 폐지
- 조선왕조 500년 동안 이루어진 과거제도를 폐지하고 새로운 관리등용법 실시

12-2 근대화를 앞당기는 여러 정책이 실시된다. 근대화는 봉건제, 즉 신분제도가 철폐되어 자유로운 개인이 출현하는 것을 의미한다. 자본주의가 발달한 서구 유럽에서는 자본주의 사회로 변화하는 것을 근대화라고 말하기도 한다. 근대화는 자유로운 개인의 탄생, 그리고 다수결에 의한 의사결정인 민주주의제도의 도입, 민주주의적 법에 의한 정치체제를 의미한다.

- 공사노비법 및 문무 차별 폐지
- 천인의 변천 및 연좌법의 폐지
- 조혼 금지 및 과부의 채가 허용
- 화폐제도의 개혁
- 태양력 사용 등 도량형의 개정과 통일
- 전국 행정구역 개편
- 군사, 경찰제도의 개혁
- 종두법의 실시
- 우체국, 소학교 설치
- 단발령

이제 봉건왕조를 지탱하던 사회제도는 모두 무너졌다. 왕, 임금, 황제라는 이름도 사라졌다. 국가의 문자인 '국어(國語)'도 한자에서 한글로 바뀌었다. 세상이 바뀐 것이다.

갑오경장의 개혁정책은 동학 농민들의 요구를 반영한 것이었다. 또한 일본의 압력과 협박 속에서 이루어진 것도 있었다. 그러나 그 누구도 시대의 흐름을 바꿀 수는 없었다. 일본의 침략 속에서 결국 조선왕조와 대한제국은 망하지만 사실상 갑오경장의 개혁정책으로 이미 막을 내린 것이다.

수많은 동학 농민들의 목숨을 건 희망을 딛고 수천 년 동안 백성들이 소원했던 신분제도의 철폐가 이렇게 이루어졌다.

중국 중심의 동아시아권이 세계 자본주의 체계 속으로

조선시대까지 한반도는 중국 중심의 동아시아 문화권이었다. 동아시아는 중국 조선 일본 몽골 만주 티벳 베트남 등의 지역이다. 이 지역은 네 가지 공통적인 문화적 요소를 가지고 있었다.

첫째, 동아시아권의 국가들은 모두 한자[12-3]를 사용했다. 한반도에 한자가 들어온 것은 고조선시대, 즉 위만조선(衛滿朝鮮)[12-4] 때부터인 것으로 추정한다. 한반도 남부 지역에 한자가 들어온 것은 마한, 변한, 진한의 삼한(三韓)시대로 추론한다. 신라의 지증왕 때 중국식 행정체계를 받아들이고, 그때까지 사용하던 이사금, 거서간, 마립간 등 우두머리를 나타내는 명칭을 버리고 중국에서 사용하던 왕(王)이라는 호칭을 사용한다. 이때부터 한반도의 국가들은 한자를 문자로 사용했다. 세종이 한글을 창제하기 전까지, 아니 한자 대신 한글을 국문으로 채택까지 전까지 한자는 한반도의 문자로서 역할을 수행했다. 한반도의 국가들은 한자를 통해 중국의 문화, 사상, 사회제도를 수용하여 한반도인을 통치했다. 한자는 중국 중심의 동아시아 문화의 공통적인 사회체제, 문화의 핵심적인 고리였다.

동아시아 지역의 공통점으로 둘째는 율령(律令)이다. 율령이란 국가의 법률체계, 즉 형벌제도를 중심으로 한 율(律)과

12-3_ 한자는 중국의 표준어로서 한족(漢族)의 문자다. 한족은 중국의 황하 지역을 중심으로 살았던 족속이다. 중국 인구의 95% 이상을 차지하는 종족이다. 중국에는 수천만 명의 소수민족이 살고 있다. 중국은 다민족, 다언어국가다. 조선족은 조선어를 공용어로 사용한다.

12-4_ 위만조선을 세운 위만의 기록은 중국의 한서(漢書)에 기록되어 있다. 한서에 따르면 위만은 연(燕)나라 군인이었다. 자신의 상관이었던 노관이 권력투쟁에서 흉노로 도망가자, 위만은 기자조선의 왕이었던 준왕(準王)에게 투항했다. 이후 위만은 쿠데타를 일으켜 준왕을 몰아내고 왕에 올랐다.

국가기구, 세금제도, 토지제도 등을 규정하는 영(令)으로 이루어진다. 고구려 373년, 소수림왕 때 율령을 발표한다. 신라는 법흥왕 7년에 율령을 반포한다. 삼국이 채택한 율령은 중국식 율령이었다. 황제를 중심으로 국가를 운영하는 정치체제로서, 한반도만이 아니라 동아시아 지역 국가 모두 중국의 중앙집권적 통치체제를 채택했다. 이 정치체제 아래서 동아시아 국가들은 모두 중국에 정기적으로 조공을 바치고, 왕이 바뀔 때마다 사신을 보내 중국 황제의 임명장을 받아야만 했다.

셋째는 유교다. 동아시아 지역은 유교 문화권이다. 유교는 중국의 춘추시대 공자(孔子)의 사상을 체계화하여 중국의 한나라 때 국교화되었다. 이후 유교는 중국왕조의 정치 이념, 통치 사상이 되었으며 한국, 일본 등 동아시아에 전파되어 국가의 정치 사상, 사회의 윤리 도덕으로 결정적 역할을 한다. 유교는 한자와 더불어 모든 교육의 핵심적인 내용이었다.

동아시아 지역의 공통점 네 번째는 불교다. 불교는 인도에서 시작되었지만 중앙아시아를 거쳐 중국에 전파된다. 중국은 불교를 중국식으로 소화하여 한국, 일본, 베트남 등으로 옮겨 준다. 고구려, 신라, 백제 등 삼국은 모두 불교를 공인한다. 국가종교로 받아들이고, 국가통치의 사상으로 사용한다. 고려시대까지 불교는 한반도의 중심 사상이었다. 불교는 동아시아 지역의 건축, 조각, 그림 등 문화예술과 생활에 결정적 영향을 미친다.

　근대화되기까지 동아시아 지역의 국가들은 모두 신분사회, 계급사회였다. 경제적으로는 농업사회, 정치적으로는 왕을 중심으로 한 중앙집권, 전체주의사회였다. 이러한 사회를 유지하고 통치하기 위한 수단으로 한자, 유교, 율령(법률), 불교가 중요한 역할을 담당했다. 그리고 중국은 이 네 가지 요소의 중심으로서 동아시아 지역의 맹주로 군림했다.

　단발령은 유교가 더 이상 정치적 힘을 발휘할 수 없다는 것을 의미했다. 왕의 자식이 왕이 되는 세습제, 왕 중심의 전제적 정치체제도 무너졌다. 중국의 문자로서 동아시아를 지배했던 한자도 국가문자라는 지위를 상실했다. 중국 중심의 동아시아 지배체제가 무너졌다.

　동아시아의 가장 끝에 있던 일본이 아시아 최초의 근대국가라는 이름으로 한반도와 대륙을 향해 진격했다. 일본의 배후에는 미국과 유럽의 국가들이 있었다. 그리고 그들의 정치체제의 이름은 민주주의였으며, 경제체제의 이름은 자본주의였다.

참고서적

· 한국사 오디세이 상/하, 김정환, 바다출판사

· 한국 속의 세계 상/하, 정수일, 창비

· 주제로 보는 한국사-조선편, 이정란, 고즈윈

· 주제로 보는 한국사-고대편, 이희근, 고즈윈

· 주제로 보는 한국사-고려편, 이희근, 고즈윈

· 의술과 인구 그리고 농업기술, 이태진, 태학사

· 고구려의 그 많던 수레는 다 어디로 갔을까?, 김용만, 바다출판사

· 삼국시대 사람들은 어떻게 살았을까?, 한국역사연구회, 청년사

· 우리가 몰랐던 동아시아, 박노자, 한겨레출판사

· 28자로 이룬 문자혁명, 김슬옹, 아이세움

· 논술2, 황광우, 김영사

· 전쟁의 발견, 이희진, 동아시아

· 한국사 X파일, 남경태, 다림

· 한국사 상식 바로 잡기, 박은봉, 책과함께

· 역사를 담은 도자기, 고진숙, 한겨레아이들

· 우리역사의 7가지 풍경, 역사문제연구소, 역사비평사

· 한국사회의 유교적 변환, 마르티나 도이힐러, 아카넷

· 조선과 중국 근세 오백년을 가다, 기시모토 미오/미야지마 히로시, 역사비평사

· 목화의 역사, 자크 앙크틸, 가람기획

· 문명교류사연구, 정수일, 사계절

사진 구입 및 출처

이미지메이킹 (www.simbata.co.kr)

쉐어이미지닷컴 (www.shareimage.com)

중앙포토 (http://photo.joins.com)

국립중앙박물관 도록

경기도박물관 도록

엔사이버 백과사전

세종기념사업회